À plus ! 4

cycle long

Vokabel-
taschenbuch

Französisch
für Gymnasien

Cornelsen

Liste des mots **Wortliste**

Grundschrift: obligatorischer Wortschatz
kursiv: fakultativer Wortschatz

Symbole und Abkürzungen

~ bezeichnet die Lücke, in die das neue Wort einzusetzen ist.
~[1] Die Fußnote zeigt dir an, dass du auf die Angleichung des Wortes achten musst. Die richtige Lösung findest du auf einem grauen Streifen **am Ende jeder Séquence**.
Hier musst du besonders gut aufpassen.
le ~ die ~ Vergleiche mit deutschem Artikel.
≠ Gegenteil von
Vergleiche mit bereits bekannten Wörtern.
Vergleiche mit dem Englischen.

→ Civilisation zeigt dir an, dass du im Petit dictionnaire de civilisation, S. 111–116, weitere Informationen zu dem Begriff findest.
→ Verbes zeigt dir an, dass du in der Liste des verbes, S. 102–110, die Konjugation des Verbs findest.

etw. etwas
jdm/jdn jemandem/jemanden
f. feminin (weiblich)
m. maskulin (männlich)
umg. umgangssprachlich
Pers. Person
Sg. Singular (Einzahl)
Pl. Plural (Mehrzahl)

Pron. Pronomen
Inf. Infinitiv
adj. adjectif (Adjektiv)
adv. adverbe (Adverb)
conj. conjonction (Bindewort)
prép. préposition (Präposition)

fam. familier (umgangssprachlich)
f. féminin (weiblich)
m. masculin (männlich)
pl. pluriel (Plural)
qc quelque chose (etwas)
qn quelqu'un (jemand)

Lerntipp

Viele Wörter kannst du verstehen, wenn du dir überlegst, ob du ein ähnlich lautendes deutsches oder englisches Wort kennst. Lege dir deshalb ein Vokabelheft (Französisch–Englisch–Deutsch) an, in dem du solche ähnlich lautenden Wörter sammelst. Manchmal schreiben sich diese Wörter aber anders oder sie sprechen sich anders aus. Markiere in deinem Vokabelheft also auch immer die Unterschiede, die du beachten musst.

Überall, wo dir diese Lupe begegnet, solltest du nach dem entsprechenden englischen Wort suchen. (→ Lösungen, S. 191)

DOSSIER 1, Approches

le/la fan [ləfan/lafan]	der Fan	Bob Marley? J'en suis ~!
l'OM [lɔɛm] ou **l'Olympique de Marseille** [lɔlɛ̃pikd(ə)-maʀsɛj] *m.*	*französischer Fußballverein aus Marseille* → Civilisation, p. 115	
le jeu vidéo / les jeux vidéo [ləʒøvideo/leʒøvideo]	das Computerspiel	Quel est ton ~ préféré?
participer à qc [paʀtisipea]	an etw. teilnehmen	Nous ~[1] un grand dîner demain.
(ê)**se bouger** [səbuʒe] *fam.*	sich bewegen, aktiv werden *wird wie* bouger *konjugiert* → Verbes, p. 103	Il faut ~, on est en retard!

le/la tuteur/-trice [lətytœʀ/latytʀis]	der/die Tutor/in *in der Schule*	Mon ~ m'aide à faire mes devoirs.
l'objet [lɔbʒɛ] *m.*	das Objekt, der Gegenstand	Attention! C'est un ~ dangereux!
la société [lasɔsjete]	die Gesellschaft	Dans la ~, on doit respecter les autres.
donc [dɔ̃k] *conj.*	also, folglich	Je pense, ~ je suis.
admirer qn/qc [admiʀe]	jdn/etw. bewundern	J'~[2] mon frère. Il est très généreux.
la Star Academy [lastaʀ-akadəmi]	*Castingshow im französischen Fernsehen, vergleichbar mit „Deutschland sucht den Superstar"*	
le lecteur mp3 [ləlɛktœʀ-ɛmpetʀwa]	der MP3-Player	Le ~ de Martine est génial! Mais il coûte cher.
le groupe [ləgʀup]	*hier:* die Band	Le ~ de Yann donne un concert.
moi-même [mwamɛm]	ich selbst	J'aime bien faire le pain ~.

moi-même	lui-même	nous-mêmes	eux-mêmes
toi-même	elle-même	vous-mêmes	elles-mêmes

la basse [labɑs]	*hier:* die Bassgitarre	Dans son groupe, il joue de la ~.

l'Europe [løʀɔp] *f.*	Europa	En ~, il y a des villes très anciennes.
prendre sa vie en main [pʀɑ̃dʀsaviɑ̃mɛ̃]	sein Leben in die Hand nehmen	À son âge, il doit ~.
l'origine [lɔʀiʒin] *f.*	die Herkunft, die Abstammung	Mario est d'~ italienne.

d'origine française = französischer Herkunft

portugais/e [pɔʀtygɛ/pɔʀtygɛz] *adj.*	portugiesisch	Mon voisin est ~.
les échecs [lezeʃɛk] *m. pl.*	das Schachspiel	J'apprends les ~ dans un club.

jouer aux échecs = Schach spielen

l'univers [lynivɛʀ] *m.*	das Universum	Il croit qu'il est le chef de l'~!
le/la médiateur/-trice [ləmedjatœʀ/lamedjatʀis]	der/die (Streit)Schlichter/in	Les ~[3] parlent aux jeunes.
régler qc [ʀegle]	etw. regeln, etw. in Ordnung bringen *wird wie* espérer *konjugiert* → Verbes, p. 103	Mon grand frère ~[4] toujours les problèmes des autres.

le conflit [ləkɔ̃fli]	der Konflikt	Je déteste les ~[5] avec mes copains!
la passion [lapasjɔ̃]	die Leidenschaft	J'ai une grande ~ pour les voyages.
l'escalade urbaine [lɛska-ladyʀbɛn] *f.*	Urban climbing	Anne aime faire de l'~ le week-end.
communiquer [kɔmynike]	kommunizieren, in Verbindung sein	Ils ~[6] par e-mail tous les jours.

1 participons à 2 admire 3 médiateurs 4 règle 5 conflits 6 communiquent

DOSSIER 1, SÉQUENCE 1

l'objet-culte [lɔbʒɛkylt] *m.*	das Kultobjekt	Ce ballon est un ~! C'est le ballon de Zidane!
l'appareil [lapaʀɛj] *m.*	das Gerät, der Apparat	C'est un ~ bizarre. Comment ça marche?
numérique [nymeʀik] *m./f. adj.*	digital	Pour Noël, je veux un appareil photo ~.
stocker qc [stɔke]	etw. speichern	Tu peux me ~ ces chansons?
tellement [tɛlmɑ̃] *adv.*	dermaßen	J'ai ~ peur de prendre l'avion!

présent/e [pʀezɑ̃/pʀezɑ̃t] *adj.*	da, anwesend	À la fête du lycée, il faut être ~.
domestique [dɔmɛstik] *m./f. adj.*	Haus- + *Nomen*	J'ai un animal ~. Une vieille tortue!
(ê)**se passer de qn/qc** [səpɑsedə]	jdn/etw. entbehren	Je ne peux pas ~[1] chocolat.
le calcul [ləkalkyl]	das Rechnen, die Berechnung	Tu aimes le ~?
faire des calculs = rechnen		
taper (sur) qc [tape]	etw. drücken, etw. (ein)tippen	Les élèves ~[2] leurs devoirs à l'ordinateur.
la touche [latuʃ]	die Taste	Tape sur la ~ rouge!
s'évader (dans) [sevade(dɑ̃)]	entfliehen, flüchten	
télécharger qc [teleʃaʀʒe]	etw. herunterladen *wird wie* bouger *konjugiert* → Verbes, p. 103	Marc adore ~ des chansons!
(ê)**se tenir au courant** [sətəniʀokuʀɑ̃]	sich auf dem Laufenden halten *wird wie* venir *konjugiert* → Verbes, p. 109	Et toi, comment tu ~[3]?

quoi [kwa] *fam.*	halt, eben *Füllwort am Ende eines Satzes*	Il ne vient pas avec nous? On ne peut rien faire, ~.
surfer [sœʀfe]	surfen *im Internet*	Pour préparer ses exposés, Matthieu aime bien ~ sur Internet.
aucun/e [okɛ̃/okyn] *adj.*	kein/e	Je n'ai ~[4] idée.
n'importe quel/le [nɛ̃pɔʀtəkɛl] *adj.*	irgendein/e	Allez! Chante ~[5] chanson!
avouer + *Inf.* / **avouer qc (à qn)** [awue]	zugeben etw. zu tun / (jdm) etw. zugeben	Il est romantique. Il a ~[6] son amour à Marie.
réclamer qc [ʀeklame]	etw. verlangen	Toi aussi, tu ~[7] des fringues de marque?
la contradiction [lakɔ̃tʀadiksjɔ̃]	der Widerspruch	C'est une ~, je ne comprends pas.
jaloux/jalouse [ʒalu/ʒaluz] *adj.*	eifersüchtig	Sa copine a parlé avec Daniel. Il est ~.
(ê)**s'ennuyer** [sɑ̃nɥije] s'ennuyer ≠ s'amuser	sich langweilen *wird wie* payer *konjugiert* → Verbes, p. 103	Je ~[8] en cours de mathématiques! Je préfère le français!
le cafard [ləkafaʀ]	die Schabe, die Kakerlake	Tu n'as jamais vu de ~?
avoir le cafard [avwaʀləkafaʀ]	deprimiert sein	

le cafard   avoir le cafard

faire partie de qc [fɛʀpaʀtidə]	zu etw. dazugehören	Je ~9 d'un groupe de danse depuis deux semaines.
moderne [mɔdɛʀn] *m./f. adj.*	modern	C'est un appareil très ~.
dépendant/e [depɑ̃dɑ̃/depɑ̃dɑ̃t] *adj.*	abhängig	Arthur ne veut plus être ~ de ses parents. Il travaille dans un théâtre.

1 me passer de 2 tapent 3 te tiens au courant 4 aucure 5 n'importe quelle 6 avoué 7 réclames 8 m'ennuie 9 fais partie

DOSSIER 1, SÉQUENCE 2

rassurer qn [rasyʀe]	jdn beruhigen, ermutigen	Je peux te ~, la prof de mathématiques est très gentille.
si seulement + *Imparfait* [sisœlmɑ̃]	wenn doch nur	Ah, ~ il m'aimait!
la poubelle [lapubɛl]	der Mülleimer	Ce fruit est pourri! Jette-le dans la ~.

la famille nombreuse [lafamijnɔ̃bʀøz]	die kinderreiche Familie	Matthieu a cinq frères. C'est une ~.
unique [ynik] *m./f. adj.*	einzig, Einzel- + *Nomen*	Benjamin est fils ~.
l'expérience [lɛkspeʀjɑ̃s] *f.*	die Erfahrung	Pour devenir champion, il faut avoir une grande ~ sportive.
en fait [ɑ̃fɛt]	eigentlich	
le mobbing [ləmɔbiŋ]	das Mobbing	Il est victime de ~ dans sa classe. Le médiateur doit l'aider.
permanent/e [pɛʀmanɑ̃/pɛʀmanɑ̃t] *adj.*	permanent, ständig	Il y a un problème ~ chez nous: les voisins font trop de bruit.
classique [klasik] *m./f. adj.*	klassisch	Camille joue de la guitare ~.
rigoler dans le dos de qn [ʀigɔledɑ̃lədo]	sich hinter dem Rücken über jdn lustig machen	~, ce n'est pas très gentil.
la jalousie [laʒaluzi] ▶ jaloux/-se	die Eifersucht	La ~, c'est normal quand on est amoureux.

par jalousie = aus Eifersucht

le goût [ləgu]	der Geschmack	Il est joli, ton pantalon. Tu as bon ~.
⚠ avoir bon/mauvais goût		
d'ailleurs [dajœʀ]	*hier:* übrigens *auch:* anderswoher, von woanders	~, tu as toujours des fringues sympa.
prendre l'habitude (de + *Inf.*) [pʀɑ̃dʀəlabityd] ▸ l'habitude, d'habitude	die Gewohnheit annehmen etw. zu tun, sich etw. angewöhnen	Ludivine a ~[1] de faire du sport le matin.
classer qn/qc [klɑse]	jdn/etw. einordnen, klassifizieren	Tu dois toujours ~ tes affaires si tu ne veux pas les perdre.
travailler de ses mains [tʀavajedəsemɛ̃]	mit seinen Händen arbeiten	Mon grand-père aime ~.
opposer qn/qc à qn/qc [ɔpozea]	jdn/etw. jdm/etw. gegenüberstellen	Au festival d'échecs, on ~[2] les filles aux garçons.

mépriser qn/qc [mepʀize]	jdn/etw. missachten	Même si tu ne l'aimes pas, tu ne dois pas le ~.

se mépriser les uns les autres = sich gegenseitig verachten

humain/e [ymɛ̃/ymɛn] *adj.*	menschlich	Il n'est pas très ~, ce prof!
le type [lətip]	*hier*: die Art, der Typ	Tu aimes ce ~ de personne?
Tout le monde il est beau, tout le monde il est gentil. [tuləmɔ̃dilɛbotuləmɔ̃dilɛʒɑ̃ti]	*etwa:* Friede, Freude, Eierkuchen.	
le/la gagnant/e [ləgaɲɑ̃/lagaɲɑ̃t] ▸ gagner	der/die Gewinner/in	Et le ~, c'est ... JULIEN!!
le/la perdant/e [ləpɛʀdɑ̃/lapɛʀdɑ̃t] ▸ perdre	der/die Verlierer/in	Dommage, tu es le ~ du jeu.

1 pris l'habitude 2 oppose

traîner [tʀɛne]	herumtrödeln	~ dans les rues de Paris, c'est super!
le self [ləsɛlf] *fam.*	*hier:* die Schulkantine	C'est super! On a un ~ dans notre collège.
empêcher qn de + *Inf.* [ɑ̃pɛʃedə]	jdn daran hindern, etw. zu tun	Tu ne peux pas m'~ d'aller voir ce film!
bavarder [bavaʀde]	schwatzen, plaudern, quatschen	Arrêtez de ~, on est en cours.
la partie [lapaʀti]	das Spiel, die Partie	La ~ est finie! Tu es le roi des échecs!
intensif/-ive [ɛ̃tɑ̃sif/ɛ̃tɑ̃siv] *adj.*	intensiv	J'ai des cours ~[1] de français cet été.
le tutorat [lətytɔʀa] ▶ le/la tuteur/-trice	die Lernpatenschaft	Le ~, c'est pratique quand on a des problèmes à l'école.
plusieurs [plyzjœʀ] *adv.*	mehrere	
volontaire [vɔlɔ̃tɛʀ] *m./f. adj.*	freiwillig	Un élève ~ a nettoyé la salle de classe.
l'acte [lakt] *m.*	die Tat, der Akt	Sauver la vie de quelqu'un, c'est un ~ très courageux!

la solidarité [lasɔlidaʀite]	die Solidarität, der Gemeinschaftsgeist	La ~ entre copains est très importante.
réviser qc [revize]	etw. wiederholen *Lernstoff*	On peut ~ l'anglais, si tu veux.
la notion [lanɔsjɔ̃]	die Kenntnis	Tu as des $\sim^{2}$ d'histoire allemande?
surtout [syʀtu]	vor allem	Tim aime ~ lire des romans policiers.
la difficulté [ladifikylte]	die Schwierigkeit	Philippe a beaucoup de $\sim^{3}$ en maths.
redoubler [rəduble]	sitzenbleiben	Tu dois faire un effort si tu ne veux pas ~!
le tour [lətuʀ]	*hier:* die Reihe(nfolge)	Fais attention! C'est ton ~!
C'est mon tour. [sɛmɔ̃tuʀ]	Ich bin dran.	

la tour 

C'est le tour de qn.

rendre service à qn [ʀɑ̃dʀsɛʀvisa]	jdm dienen, behilflich sein *wird wie* attendre *konjugiert* → Verbes, p. 103	Tu peux me ~?

ajouter qc [aʒute]	etw. hinzufügen	J'ai fini mon exposé. Quelqu'un veut ~ quelque chose?
depuis que [dəpɥikə]	seitdem	~ Thierry a le cafard, il ne parle plus aux autres.
l'énergie [lenɛʀʒi] *f.*	die Energie	Pour avoir de l'~, il faut manger du chocolat.
le pouce [ləpus]	der Daumen	
donner un coup de pouce à qn [dɔneɛ̃kudpus] *fam.*	jdm helfen, jdm zur Hand gehen	Je dois finir ce travail. Est-ce que tu peux me ~?

le pouce 

 donner un coup de pouce à qn

(ê)**se concentrer** [səkɔ̃sɑ̃tʀe]	sich konzentrieren	Mathilde ne peut pas ~ en classe.
la règle de trois [laʀɛgldətʀwa]	der Dreisatz *Prozentrechnung*	La ~? Facile!

1 intensifs 2 notions 3 difficultés

DOSSIER 1, SÉQUENCE 4

le casting [ləkastiŋ]	das Casting	Pour jouer dans ce film, tu dois réussir le ~.
la limite [lalimit]	die Grenze, die Beschränkung	Est-ce qu'il faut mettre des ~[1] aux élèves?
la lettre de motivation [laletʀədəmɔtivasjɔ̃]	das Bewerbungsschreiben	Pour participer à cette émission, tu dois écrire une ~.
(ê)**se présenter** [səpʀezɑ̃te]	sich vorstellen	Tu peux ~[2], s'il te plaît?
la seconde [las(ə)kɔ̃d]	die Sekunde	Une ~! J'arrive!

Diese Zeiteinheiten kennst du schon:

l'heure *f.*
la minute
la seconde

le jour / la journée
la semaine
le mois

l'an *m.* / l'année *f.*
le siècle

interpréter qc [ɛ̃tɛʀpʀete]	etw. interpretieren *wird wie* espérer *konjugiert* → Verbes, p. 103	Tu sais ~ ce poème?

seul/e [sœl]	*hier:* bloß, nur	~ ce garçon a vu l'accident.
le/la chanteur/-euse [ləʃɑ̃tœʀ/laʃɑ̃tøz] ▶ chanter	der/die Sänger/in	Max veut devenir ~.
Dammarie-lès-Lys [damaʀilɛlis]	*kleine Stadt bei Paris*	
le chant [ləʃɑ̃] ▶ chanter, le/la chanteur/-euse	der Gesang	Magalie veut apprendre le ~ pour devenir célèbre.
en direct [ɑ̃diʀɛkt] *adj.*	live, direkt *bei Radio- und Fernsehsendungen*	Le foot à la télé, c'est mieux quand c'est ~.
TF1 [teɛfɛ̃]	*französischer Fernsehsender*	
Johnny Hallyday [dʒɔnialidɛj]	*französischer Sänger* → Civilisation, p. 113	
Charles Aznavour [ʃaʀlaznavuʀ]	*französischer Sänger* → Civilisation, p. 113	
Céline Dion [selindjɔ̃]	*kanadische Sängerin* → Civilisation, p. 113	

le bonheur [ləbonœʀ]	das Glück	L'argent ne fait pas toujours le ~.
permettre à qn de + *Inf.* [pɛʀmɛtʀ] permettre ≠ interdire	jdm erlauben etw. zu tun *wird wie* mettre *konjugiert,* → Verbes p. 107	Tu me ~[3] voir le film d'horreur ce soir?
(ê)**se faire un nom** [səfɛʀɛ̃nɔ̃]	sich einen Namen machen	Mathilde veut devenir célèbre. Elle veut ~ à la télé.
risquer qc [ʀiske]	etw. riskieren, aufs Spiel setzen	Ne ~[4] pas ta vie! Prends mon casque.
l'élimination [leliminasjɔ̃] *f.*	*hier:* der Ausschluss, das Ausscheiden	Ce n'est pas drôle, les ~[5] à Star Academy!

Ils risquent l'élimination. = Ihnen droht der Ausschluss.

le/la téléspectateur/-trice [lətelespɛktatœʀ/latelespɛktatʀis]	der/die Fernsehzuschauer/in	Les ~[6] sont fans de cette émission.
le contrat [ləkɔ̃tʀa]	der Vertrag	Ce ~ est très important pour moi.
le disque [lədisk]	die Platte *CD und Schallplatte*	J'ai acheté le ~ de la gagnante de la Star Academy.
surtout [syʀtu] *adv.*	vor allem	Tim aime ~ lire des romans policiers.

voter pour/contre qn/qc [vɔtepuʀ/kɔ̃tʀ]	für/gegen jdn stimmen	Tu vas ~ pour qui?
croire qn + *adj.* [kʀwaʀ]	jdn für etw. halten	Je te ~[7] solidaire. Tu me déçois.
la demi-finale [ladəmifinal]	das Halbfinale	Je prends les billets pour la ~ du match.
éliminer qn/qc [elimine] ▶ l'élimination	jdn ausschließen, durchfallen lassen	On ne peut pas l'~! Il chante super bien!
cruel/le [kʀyɛl] *adj.*	grausam	Parfois les téléspectateurs sont ~[8] avec les candidats.
professionnel/le [pʀɔfesjɔnɛl] *adj.*	professionell	Paul a trouvé une solution ~[9] à ce problème.
injuste [ɛ̃ʒyst] *adj.* injuste ≠ juste	ungerecht	C'est ~! Je suis la meilleure!
la peau [lapo]	die Haut	Les enfants ont une ~ très sensible.

avoir la musique dans la peau = Musik im Blut haben

motiver qn [mɔtive]	jdn motivieren	Tu dois ~ Grégoire! Il doit venir à ta fête!

le talent [lətalɑ̃]	das Talent	Tu aimes le chant et tu as du ~? Va au casting!
fou/folle [fu/fɔl] *adj.*	verrückt	Faire de la mobylette sans casque – tu es ~?! C'est trop dangereux!

être fou/folle de qn/qc = nach jdm/etw. verrückt sein

passer par la tête [pasepaʀlatɛt]	durch den Kopf gehen	Qu'est-ce qui te ~[10]?
dégoûter qn [degute]	jdn nerven, anwidern	La télé, parfois ça me ~[11]!
la candidature [lakɑ̃didatyʀ] ► le/la candidat/e	die Bewerbung	

poser sa candidature = sich bewerben

1 limites 2 te présenter 3 permets de 4 risque 5 éliminations 6 téléspectateurs 7 croyais 8 cruels 9 professionnelle 10 passe par la tête 11 dégoûte

le regard [ləʀəgaʀ]	der Blick	
le petit-fils / la petite-fille [ləptifis/laptitfij]	der/die Enkel/in	Mes grands-parents ont cinq ~[1]!
Charlemagne [ʃaʀləmaɲ(ə)]	Karl der Große → Civilisation, p. 113	
signer qc [siɲe]	etw. unterschreiben	Fais attention avant de ~ un contrat!
le traité [lətʀɛte]	das Abkommen, der Vertrag	Les deux pays ont signé un ~ sur les échanges des jeunes.
le traité de Verdun [lətʀɛte-dəvɛʀdɛ̃]	der Vertrag von Verdun → Civilisation, p. 115	
l'empire [lɑ̃piʀ] *m.*	das Reich	L'~ allemand est né en 1871 après la guerre franco-allemande.
la Francie occidentale [lafʀɑ̃siɔksidɑ̃tal]	das Westfrankenreich	
la Francie orientale [lafʀɑ̃siɔʀjɑ̃tal]	das Ostfrankenreich	

la Lotharingie [lalotaʀɛ̃ʒi]	Lotharingen	
la partie [lapaʀti]	*hier:* der Teil	Une ~ des élèves n'a pas compris l'exercice.
la Lorraine [lalɔʀɛn]	Lothringen → Civilisation, p. 111	
(ê)**se disputer qc** [sədispyte]	sich um etw. streiten	Les chiens ~[2] la viande dans le plat.
la Réforme [laʀefɔʀm]	die Reformation	La ~ de Luther est très importante dans l'histoire allemande.
la religion [laʀəliʒjɔ̃]	die Religion	En France, il n'y a pas de cours de ~ à l'école.
avoir lieu [avwaʀljø]	stattfinden	Le concert ~[3] dans le jardin des Tuileries.
le/la protestant/e [ləpʀɔtɛstɑ̃/lapʀɔtɛstɑ̃t]	der/die Protestant/in	
les Huguenots [leygno]	die Hugenotten *Bezeichnung für französische Protestanten vom 16. bis zum 18. Jahrhundert*	
l'Édit de Nantes [ledidənɑ̃t]	das Edikt von Nantes → Civilisation, p. 115	

Louis XIII [lwitʀɛz]	Ludwig XIII. *1610–1643 König von Frankreich*	
annexer qc [anɛkse]	etw. annektieren, sich etw. einverleiben *Land*	L'Allemagne a ~[4] une partie de la France en juin 1871.
l'Alsace [lalzas] *f.*	das Elsass → Civilisation, p. 111	
la révocation [laʀevɔkasjɔ̃]	die Aufhebung, die Widerrufung	La ~ de ce traité a été une catastrophe!
causer qc [koze]	etw. bewirken, verursachen	Souvent, les religions ont ~[5] des guerres.
l'émigration [lemigʀasjɔ̃] *f.*	die Auswanderung	
le/la réfugié/e [ləʀefyʒje/laʀefyʒje]	der Flüchtling *m./f.*	De nombreux ~[6] sont arrivés en Espagne.
prospérer [pʀɔspeʀe]	gedeihen, vorwärtskommen *wird wie* espérer *konjugiert* → Verbes, p. 103	Ce pays ~[7] très vite!

faire prospérer qc = etw. zum Blühen bringen

Louis XIV [lwikatɔʀz]	Ludwig XIV. → Civilisation, p. 114	
envahir qc [ɑ̃vaiʀ]	etw. überfallen *ein Land*, einfallen *in ein Land* *wird wie* réagir *konjugiert* → Verbes, p. 103	Cet été, les touristes ont ~[8] l'Allemagne.
le Palatinat [ləpalatina]	die Pfalz	
la belle-sœur [labɛlsœʀ]	*hier:* die Schwägerin, *auch:* die Stiefschwester	La femme de mon frère, c'est ma ~.

Diese Wörter drücken Verwandschaftsbeziehungen aus:	la mère / le père	la grand-mère / le grand-père	la cousine / le cousin
	la fille / le fils	la petite-fille / le petit-fils	la belle-sœur / le beau-frère
	la sœur / le frère	la tante / l'oncle	la belle-mère / le beau-père

le siècle des Lumières [ləsjɛklədelymjɛʀ]	das Jahrhundert der Aufklärung → Civilisation, p. 115	
le/la philosophe [ləfilɔzɔf/lafilɔzɔf] *m./f.*	der/die Philosoph/in	Un ~ réfléchit sur le sens de la vie.
Voltaire [vɔltɛʀ]	*französischer Philosoph der Aufklärung* → Civilisation, p. 114	

la Prusse [lapʀys]	Preußen	
Frédéric II [fʀedeʀikdø]	Friedrich II. *1772–1786 König von Preußen*	
la révolution [laʀevɔlysjɔ̃]	die Revolution	
la Révolution française [laʀevɔlysjɔ̃fʀɑ̃sɛz]	die französische Revolution → Civilisation, p. 115	La ~ a commencé en 1789.
Louis XVI [lwisɛz]	Ludwig XVI. → Civilisation, p. 114	
Marie-Antoinette [maʀiɑ̃twanɛt]	*Königin von Frankreich, Ehefrau von Ludwig XVI.* → Civilisation, p. 114	
mourir [muʀiʀ]	sterben → Verbes, p. 107	Louis XIV est ~[9] en 1715.
l'échafaud [leʃafo] *m.*	das Schafott	Louis XVI meurt sur l'~.
parmi [paʀmi] *prép.*	zwischen, darunter	
déclarer qc [deklaʀe]	etw. verkünden, deklarieren, erklären *Krieg*	En 1792 plusieurs pays ~[10] la guerre à la France.
révolutionnaire [ʀevɔlysjɔnɛʀ] *m./f. adj.* ► la révolution	revolutionär	Tu connais des gens qui ont des idées ~[11]?

Napoléon [napɔleɔ̃]	*Kaiser von Frankreich* → Civilisation, p. 114	
l'Autriche [lotʀiʃ] *f.*	Österreich	
la Suède [lasɥɛd]	Schweden	
la Russie [laʀysi]	Russland	
l'unité [lynite] *f.*	die Einheit	On fête l'~ allemande le 3 octobre.
national/e [nasjɔnal], **nationaux** [nasjɔno] *m. pl. adj.*	national	La fête ~ de la France est le 14 juillet.
Bismarck [bismaʀk]	*deutscher Reichskanzler (1815–1898)*	
Napoléon III [napɔleɔ̃tʀwa]	*Kaiser von Frankreich* → Civilisation, p. 114	
franco-allemand/e [fʀɑ̃kɔalmɑ̃/fʀɑ̃kɔalmɑ̃d]	deutsch-französisch	
suivant/e [sɥivɑ̃/sɥivɑ̃t] *adj.* ▶ suivre	folgender/-es/-e, nächster/-es/-e	Tu ne trouves pas la solution? Regarde à la page ~[12]!

programmer qc [pʀɔgʀame] ▶ le programme	*hier:* etw. vorprogrammieren, *auch:* etw. programmieren	Marc a eu une mauvaise note en maths. Des problèmes avec ses parents étaient ~[13].

1 petits-fils 2 se disputent 3 a lieu 4 annexé 5 ont causé 6 réfugiés 7 prospère 8 envahi 9 mort 10 déclarent 11 révolutionnaires 12 suivante 13 programmés

DOSSIER 2, SÉQUENCE 1

l'exil [lɛgzil] *m.*	das Exil	Voltaire a vécu parfois en ~.
subir qc [sybiʀ]	etw. ertragen, erleiden *wird wie* réagir *konjugiert* → Verbes, p. 103	Émilie ne veut plus ~ la jalousie de Flavien.
craindre qn/qc / craindre que + *subj.* [kʀɛ̃dʀkə]	jdn/etw. fürchten; fürchten dass *wird wie* plaindre *konjugiert* → Verbes, p. 107	Je ~[1] que Léa ne puisse pas venir à ta fête.
sauvage [sovaʒ] *m./f. adj.*	wild	Mathilde a trouvé un chat ~.
le malheur [ləmalœʀ] le malheur ≠ le bonheur ▶ malheureux/-euse *adj.*	das Unglück	Il a perdu son travail. C'est un ~ pour lui et sa famille!

ne … que [nə…kə] *adv.*	nur, erst	Mon petit frère ~ fait ~ des bêtises!
l'arme [laʀm] *f.*	die Waffe	Son grand-père n'a jamais touché à une ~.
mêler qc (à qc) [mɛle]	etw. mit etw. mischen	Tu dois ~ les cartes!
le Brandebourg [ləbʀɑ̃dəbuʀ]	Brandenburg	
la paix [lapɛ] la paix ≠ la guerre	der Frieden	Thomas travaille dans une organisation pour la ~.
tolérant/e [tɔleʀɑ̃/tɔleʀɑ̃t] *adj.*	tolerant	Tu dois être ~ avec lui: il a le cafard.
la manufacture [lamanyfaktyʀ]	die Manufaktur	Son grand-père a travaillé dans une ~.
le drap [lədʀa]	*hier:* das Tuch, *auch:* das Laken	Ma mère a acheté de nouveaux ~^{2} pour mon lit.
tenir qc de qn [təniʀdə]	von jdm etw. übernehmen *wird wie* venir *konjugiert* → Verbes, p. 109	

l'église [legliz] *f.*	die Kirche	Les grands-parents d'Élodie vont à ~ tous les dimanches.
grâce à [gʀɑsa] *prép.*	dank	Super! ~ son aide, on peut aller en France cette année !
Nîmes [nim]	*Stadt im Süden Frankreichs* → Civilisation, p. 112	
regretter qc [ʀəgʀɛte]	*hier:* etw. vermissen; *auch:* etw. bedauern	En exil, il a ~[3] son pays.
regretter que + *subj.* [ʀəgʀɛtekə]	bedauern, dass	Le prof ~[4] ses élèves soient aussi mauvais.
le récit [ləʀesi]	der Bericht, die Erzählung	Le ~ de leurs vacances était intéressant!
le tisserand [lətisʀɑ̃]	der Weber	Le père de Juliette est ~ à Lyon.
horrible [hɔʀibl] *m./f. adj.*	furchtbar, schrecklich	C'est ~, son histoire!
la nouvelle [lanuvɛl]	die Nachricht, die Neuigkeit	J'ai de mauvaises ~[5]: la grand-mère d'Alice est mort.
révoquer qc [ʀevɔke] ▶ la révocation	etw. widerrufen	Le roi a ~[6] le traité car il n'était pas juste.

emmener qn [ɑ̃mne]	jdn mitnehmen, wegführen *wird wie* amener *konjugiert* → Verbes, p. 103	Tu pars en voyage. Tu ne peux pas m'~?
la roue [laʀu]	das Rad *hier: Folterinstrument*	Un vélo a deux ~[7], une voiture en a quatre.
le doute [lədut]	der Zweifel	C'est Catherine! Il n'y a pas de ~.
sans doute = gewiss		
la galère [lagalɛʀ]	die Galeere *Kriegsschiff, auf dem Sträflinge oder Sklaven als Ruderer eingesetzt wurden.*	Beaucoup de Huguenots sont morts aux ~[8].

C'est la galère! *fam.* = Das ist der Horror!

la Tour de Constance [latuʀdəkɔ̃stɑ̃s]	der „Turm der Standhaftigkeit" *Frauengefängnis bei Nîmes zur Zeit der Hugenottenkriege*	

vivant/e [vivɑ̃/vivɑ̃t] *adj.* ▶ vivre, la vie	lebendig	Il est ~!
catholique [katɔlik] *m./f. adj.*	katholisch	À côté de chez nous, il y a une église ~.
régulièrement [ʀegyljɛʀmɑ̃]	regelmäßig	Il va ~ à Nîmes pour voir ses parents.
le Jura [ləʒyʀa]	das Juragebirge → Civilisation, p. 111	
faire passer qn [fɛʀpɑse]	*hier:* jdn schleusen, jdn illegal über die Grenze bringen	La grand-mère de mon père a ~[9] des réfugiés pendant la guerre.
la Suisse [lasɥis]	die Schweiz → Civilisation, p. 113	
le passeur [ləpɑsœʀ]	der Fluchthelfer, der Schleuser	Pendant la guerre, il y avait des ~[10].
(ê)**se réfugier** [səʀefyʒje] ▶ le/la réfugié/e	Zuflucht suchen	Elle a eu très peur, elle s'est ~[11] dans sa cabane.
les provisions [lepʀɔvizjɔ̃]	der Proviant, die Vorräte	Tu as fait des ~ pour le voyage?
réformer qc [ʀəfɔʀme]	etw. reformieren, verändern	Les jeunes rêvent de ~ la société.

1 crains 2 draps 3 regretté que 4 regrette que 5 nouvelles 6 révoqué 7 roues 8 galères 9 fait passer 10 passeurs 11 réfugiée

DOSSIER 2, SÉQUENCE 2

littéraire [liteʀɛʀ] *m./f. adj.*	literarisch, Literatur- + *Nomen*	Après son bac, Marie veut faire des études ~[1].
la satire [lasatiʀ]	die Satire	Voltaire a écrit beaucoup de ~[2].
politique [pɔlitik] *m./f. adj.*	politisch	Hier, on a regardé une émission ~ à la télé.
la Bastille [labastij]	die Bastille *ehemaliges Gefängnis in Paris* → Civilisation, p. 111	
lequel/laquelle [ləkɛl/lakɛl]	welcher/-es, welche	Est-ce que tu connais un restaurant dans ~ on mange bien?
lesquels/lesquelles [lekɛl]	welche *Pl.*	Les filles avec ~[3] Marc est allé au cinéma étaient très sympa.
imprudent/e [ɛ̃pʀydɑ̃/ɛ̃pʀydɑ̃t] *adj.* imprudent/e ≠ prudent	unvorsichtig	Ne sois pas ~! L'escalade urbaine, c'est dangereux!

Wie du das jeweils gegenteilige Adjektiv mit Hilfe der Präfixe in-, im- *und* il- *bilden kannst, findest du im* Annexe, *S. 98.*

le pouvoir [ləpuvwaʀ]	die Macht	Le ~ du roi Louis XIV était très grand.
absolu/e [apsɔly] *adj.*	*hier:* absolutistisch, uneingeschränkt; *auch:* absolut	Louis XIV était un roi au pouvoir ~.
la justice [laʒystis] ▶ juste *m./f. adj.*, injuste *m./f. adj.*	*hier:* das Rechtswesen, die Justiz	
l'Angleterre [lɑ̃glətɛʀ] *f.*	England	
la science [lasjɑ̃s]	die Wissenschaft	Églantine n'aime pas les ~[4].
l'économie [lekɔnɔmi] *f.*	die Wirtschaft	Il est important que l'~ de ce pays prospère!
la philosophie [lafilɔzɔfi] ▶ le/la philosophe	die Philosophie	En France, les élèves apprennent la ~ au lycée.
correspondre [kɔʀɛspɔ̃dʀ] ▶ le/la correspondant/e	korrespondieren, im Briefwechsel stehen *wird wie* attendre *konjugiert* → Verbes, p. 103	Markus ~[5] avec Olivier depuis deux ans.
le séjour [ləseʒuʀ]	der Aufenthalt	Notre ~ à Paris a été merveilleux!
l'intrigue [lɛ̃tʀig] *f.*	die Intrige	Cette fille adore les ~[6]!

le/la courtisan/e [ləkuʀtizɑ̃/lakuʀtizan]	der Höfling, die Hofdame	Beaucoup de ~[7] vivaient à Versailles.
le conte [ləkɔ̃t]	das Märchen, die Erzählung	Tu aimes les ~[8] d'Andersen?

In seinen Contes philosophiques *– häufig Parodien auf die im 18. Jahrhundert beliebten Reise-, Ritter- und Liebesromane – entlarvt Voltaire mit Hilfe von Ironie und Satire die gesellschaftlichen Missstände im absolutistischen Frankreich. Zwar legt er die Handlungsorte der* Contes *grundsätzlich in andere Länder; dies stellt jedoch nichts weiter als eine Vorsichtsmaßnahme dar, um der strengen Zensur zu entgehen. Voltaire nutzt diese literarische Form, um seine aufklärerischen Ideen einer von Freiheit und Toleranz geprägten Gesellschaft zu verbreiten. Zu seinen bekanntesten* Contes *gehören* Candide, Zadig *und* Micromégas.

l'œuvre [lœvʀ] *f.*	das Werk	~ de Victor Hugo est importante dans la vie littéraire.
Ferney [fɛʀnɛ]	*französische Stadt* → Civilisation, p. 111	
le nez [ləne]	die Nase	On respire par le ~
Sanssouci [sɑ̃susi]	*Schloss in Potsdam, ehemalige Residenz von Friedrich II.*	

royal/e [ʀwajal] *adj.* / **royaux** [ʀwajo] *m.pl.*	königlich, Königs- + *Nomen*	La famille ~[10] a pris la fuite pendant la Révolution française.
au début (de qc) [odeby] *adv.* au début ≠ à la fin	am Anfang (von etw.), zuerst	~, Thomas a été furieux. Après, il a pleuré.
la correction [lakɔʀɛksjɔ̃]	die Korrektur	Quelle horreur! Mon devoir est plein de ~[9].

apporter quelques corrections = einige Korrekturen hinzufügen

ainsi [ɛ̃si] *adv.*	so, auf diese Weise	
la virgule [laviʀgyl]	das Komma	Tu as oublié une ~ dans la phrase!
souhaiter qc à qn / souhaiter que + *subj.* [swɛte]	jdm etw. wünschen / wünschen, dass	Je ~[11] que mes rêves se réalisent.
le point [ləpwɛ̃]	der Punkt	Une phrase finit souvent par un ~.

mettre un point à qc = einer Sache ein Ende setzen

traduire [tʀadɥiʀ]	übersetzen *wird wie* construire *konjugiert* → Verbes, p. 105	Les élèves doivent ~ un texte en allemand.

intriguer (contre qn) [ɛ̃tʀige] ▶ l'intrigue *f.*	intrigieren (gegen jdn)	Il y a des gens qui adorent ~. Je ne comprends pas pourquoi.
presser qc [pʀɛse]	etw. (aus-)pressen	Marie ~[12] les oranges.
le malentendu [ləmalɑ̃tɑ̃dy]	das Missverständnis	Désolée, c'est un ~.
(ê)**s'en aller** [sɑ̃nale]	weggehen, losgehen	Tu peux ~[13]. Je n'ai plus besoin de toi.

1 littéraires 2 satires 3 lesquelles 4 sciences 5 correspond 6 intrigues 7 courtisans 8 contes 9 corrections 10 royale 11 souhaite 12 presse 13 t'en aller

DOSSIER 2, SÉQUENCE 3

le/la lycéen/ne [ləliseɛ̃/laliseɛn] ▶ le lycée	der/die Schüler/in eines lycée	Depuis cette année, Émilie est ~[1].
le/la collégien/ne [ləkɔleʒjɛ̃/lakɔleʒjɛn] ▶ le collège	der/die Schüler/in eines collège	Son petit frère est encore ~.
Brigitte Sauzay [bʀiʒitsozɛ]	*französische Dolmetscherin* → Civilisation, p. 114	
dont [dɔ̃]	*hier:* von dem *auch:* dessen, deren	La fille ~ le frère est champion de foot, habite là.

la nourriture [lanuʀityʀ]	die Nahrung, das Essen	Nathalie n'aime pas la ~ à la cantine.
de plus [dəplys] *adv.*	außerdem	Amélie est très gentille. ~, elle est jolie.
manquer à qn [mɑ̃kea]	jdm fehlen	Tu vas me ~! Écris-moi!
énormément [enɔʀmemɑ̃] *adv.*	ungeheuer, enorm	Il a fait ~ de progrès l'année dernière!
énorme [enɔʀm] *m./f. adj.*	ungeheuer, enorm	J'ai une peur ~ du chien de mon voisin!
constamment [kɔ̃stamɑ̃] *adv.*	ständig	Mathias, tu as ~ de mauvaises notes! Pourquoi?
constant/e [kɔ̃stɑ̃/kɔ̃stɑ̃t] *adj.*	ständig	Aujourd'hui, il y a un vent ~.
petit à petit [pətitapəti] *adv.*	allmählich	~, Victor fait des progrès au piano.
(ê)**s'habituer à qn/qc / s'habituer à** + *Inf.* [sabitɥe] ▶ prendre l'habitude, d'habitude	sich an jdn/etw. gewöhnen / sich daran gewöhnen etw. zu tun	Tu dois ~[2] à te lever le matin! Les vacances sont finies!

malgré qc [malgʀe]	trotz	~ le mauvais temps, je vais au cinéma.

Mit diesen Ausdrücken kannst du einen Grund / eine Ursache angeben:

à cause de:	À cause de l'interrogation il n'a pas pu dormir.
grâce à:	Grâce à ses amis, il a trouvé une solution à son problème.
malgré:	Malgré le malentendu qu'il y avait entre les deux amis ils ont continué à se voir.
par:	Il est devenu malade par jalousie.
c'est pourquoi:	Il n'a pas d'argent. C'est pourquoi il ne peut pas partir en voyage.
c'est la raison pour laquelle:	Elle est malade. C'est la raison pour laquelle elle ne vient pas.

gentiment [ʒɑ̃timɑ̃] *adv.* ► gentil/le *adj.*	nett	Thomas devrait parler plus ~ à sa petite sœur.
dans l'ensemble [dɑ̃lɑ̃sɑ̃bl] *adv.*	insgesamt, im Großen und Ganzen	~, il a fait des progrès en français.
le système [ləsistɛm]	das System	Le ~ scolaire allemand est différent du français.
différemment [difeʀamɑ̃] *adv.* ► différent/e *adj.*	anders, unterschiedlich	Marc et Magalie pensent toujours ~!
intensément [ɛ̃tɑ̃semɑ̃] *adv.*	intensiv	Ils se disputent ~.

intense [ɛ̃tɑ̃s] *m./f. adj.*	intensiv	Hier, j'ai passé un moment très ~ au concert.
apprécier qn/qc [apʀesje]	jdn/etw. schätzen	Nicolas ne sait pas ~ les bons moments.
couramment [kuʀamɑ̃] *adv.*	fließend	Marie parle ~ l'allemand.
courant/e [kuʀɑ/kuʀɑ̃t] *adj.*	fließend	Hier, on n'a pas eu d'eau ~[3] pendant deux heures.
de manière + *adj.* [dəmanjɛʀ] *adv.*	auf eine Art und Weise	Elle sait faire des calculs ~ impressionante!
le journalisme [ləʒuʀnalism] ▶ le/la journaliste, le journal	der Journalismus	Le ~ est un métier très intéressant!
évidemment [evidamɑ̃] *adv.* ▶ évident/e *adj.*	klar, eindeutig, selbstverständlich	~ Aurélie n'a rien compris car elle n'a pas écouté.
certain/e [sɛʀtɛ̃/sɛʀtɛn] *adj.*	*hier*: gewisse/r	
Ça n'a rien à voir. [sanaʀjɛ̃navwaʀ]	Das hat nichts damit zu tun!	~! C'est un autre problème!
Ça vaut le coup. [savoləku] *fam.*	Das lohnt sich!	10 euros le CD? ~.

difficile [difisil] *m./f. adj.*	schwer, schwierig	
mûr/e [myʀ] *adj.*	reif	Antonin n'est pas assez ~ pour partir seul en vacances.
finalement [finalmɑ̃] *adv.* ▶ la fin, finir	schließlich, endlich	Il a ~ pris sa vie en main!
absolument [apsɔlymɑ̃] *adv.* ▶ absolu/e *adj.*	absolut	Je ne suis ~ pas d'accord avec toi!
le pour et le contre [ləpuʀeləkɔ̃tʀ]	das Für und Wider	Avant de se décider, il faut peser le ~.

peser le pour et le contre = das Für und Wider abwägen

1 lycéenne 2 t'habituer à 3 courante

DOSSIER 2, SÉQUENCE 4

Die kursiv gedruckten Wörter gehören nicht zum obligatorischen Wortschatz.

le Roi-Soleil [ləʀwasɔlɛj]	der Sonnenkönig	On appelle Louis XIV le ~.

bas/basse [ba/bas] *adj.* tief (gelegen), niedrig

Diese Adjektive geben Größenverhältnisse an:

grand/e ≠ petit/e   haut/e ≠ bas/se   long/ue ≠ court/e   large *m./f.* ≠ étroit/e[1]   gros/se ≠ maigre[2] *m./f.*

1 **étroit/e** eng 2 **maigre** mager

l'évêque [levɛk] *m.*	der Bischof	Est-ce que tu connais l'~ de Paris?
le/la noble [lənɔbl/lanɔbl] *adj.*	der/die Adlige	Avant la Révolution française, les ~[1] avaient le pouvoir.
le magistrat [ləmaʒistʀa]	der Gerichtsbeamte	Ce ~ est très sévère.
le/la commerçant/e [ləkɔmɛʀsɑ̃/lakɔmɛʀsɑ̃t]	der/die Händler/in	Les parents de Jeanne sont ~[2].
le notaire [lənɔtɛʀ]	der Notar	Ils vont chez le ~ parce qu'il veulent vendre la maison de famille.

l'artisan/e [laʀtizɑ̃/laʀtizan] *m./f.*	der/die Handwerker/in	Les ~[3] travaillent de leurs mains.
le/la paysan/ne [ləpeizɑ̃/lapeizan]	der Bauer, die Bäuerin	Les ~[4] travaillent beaucoup en été.
nécessaire (de + *Inf.***)** [nesesɛʀ] *m./f. adj.*	nötig	Il est ~ de changer quelque chose!
le/la mendiant/e [ləmɑ̃djɑ̃/lamɑ̃djɑ̃t]	der/die Bettler/in	On doit aider les ~[5].
la naissance [lanɛsɑ̃s] ► né/e	die Geburt	La ~ de mon petit frère est une grande nouvelle!
l'apprenti/e [lapʀɑ̃ti] *m./f.* ► apprendre	der/die Auszubildende, der Lehrling	Thomas est ~ dans une boulangerie.
l'orfèvre [lɔʀfɛvʀ] *m.*	der Goldschmied	Le père de David est ~ à Paris.
l'Auvergne [lovɛʀɲ(ə)] *f.*	*Region in Zentralfrankreich* → Civilisation, p. 111	
le tanneur [lətanœʀ]	der Gerber	
Aurillac [oʀijak]	*Stadt in der Auvergne* → Civilisation, p. 111	

diriger qc [diʀiʒe]	etw. leiten, führen *wird wie* bouger *konjugiert* → Verbes, p. 103	Il m'énerve! Il veut toujours ~ le groupe!
le maître [ləmɛtʀ] / **la maîtresse** [lamɛtʀɛs]	der/die Meister/in; der/die Grundschullehrer/in	Serge apprend beaucoup de son ~.
l'apprentissage [lapʀɑ̃tisaʒ] *m.* ▶ l'apprenti/e, apprendre	die Lehre	Il n'est pas très content de son contrat d'~.
la pension [lapɑ̃sjɔ̃]	*hier:* der Unterhalt	Ses parents paient pour sa ~.
l'atelier [latəlje] *m.*	die Werkstatt	Il rêve d'avoir un ~ d'orfèvre.
l'instrument [lɛ̃stʀymɑ̃] *m.*	*hier:* das Werkzeug	Il a beaucoup d'~[6] dans son atelier.
le catéchisme [ləkateʃizm]	der Religionsunterricht *katholisch*	Sophie allait au ~ quand elle avait dix ans.
le compagnon [ləkɔ̃paɲɔ̃]	*hier:* der Geselle *auch:* der Facharbeiter	Les ~[7] ont terminé leur apprentissage.
Toulouse [tuluz]	*Stadt im Südwesten Frankreichs* → Civilisation, p. 112	
les Jésuites [lezezɥit]	die Jesuiten → Civilisation, p. 115	

le/la domestique [lə/ladɔmɛstik]	der/die Diener/in	Autrefois, les nobles avaient des ~[8].
la prière [lapʀijɛʀ]	das Gebet	Avant l'interro, Florent fait une petite ~.
faire la prière = beten		
réciter qc [ʀesite]	etw. vortragen	Mathieu doit ~ le poème devant toute la classe.
le latin [ləlatɛ̃]	Latein, die lateinische Sprache	Aujourd'hui, on ne parle plus le ~.
la demoiselle [ladmwazɛl]	das Fräulein	
le respect [ləʀɛspɛ]	der Respekt	
Saint-Cyr [sɛ̃siʀ]	*Ausbildungsanstalt für verarmte adlige Mädchen* → Civilisation, p. 115	
la broderie [labʀɔdʀi]	das Sticken	Anne-Marie aime la ~.
le linge [ləlɛ̃ʒ]	die Wäsche	J'ai lavé le ~ sale.
épouser qn [epuze]	jdn heiraten	Yves veut ~ Sandrine.

1 nobles 2 commerçants 3 artisans 4 paysans 5 mendiants 6 instruments 7 compagnons 8 domestiques

la planète [laplanɛt]	der Planet	Connais-tu la plus grande ~ de l'univers?
Marseille [maʀsej]	*Stadt in Südfrankreich* → Civilisation, p. III	
la (mer) Méditerranée [la(mɛʀ)meditɛʀane]	das Mittelmeer	
depuis [dəpɥi] *prép.*	*hier:* von etw. aus *örtlich*	~ cette fenêtre, on peut voir le centre ville.
l'architecte [laʀʃitɛkt] *m./f.*	der/die Architekt/in	Ben aime le dessin. Il veut devenir ~.
la basilique [labazilik]	die Basilika *hier:* Notre-Dame de la Garde *in Marseille*	Quelle magnifique ~!
Henri Espérandieu [ɑ̃ʀiɛspeʀɑ̃djø]	*französischer Architekt (1829–1874)*	
la bouillabaisse [labujabɛs]	der Fischeintopf *Spezialität aus Marseille*	Nicolas sait préparer une très bonne ~.
les crustacés [lekʀystase] *m. pl.*	die Krustentiere	Aimes-tu les ~?

le Vieux-Port [ləvjøpɔʀ]	*Hafen in Marseille* → Civilisation, p. 112	
pittoresque [pitɔʀɛsk] *m./f. adj.*	malerisch	Dans le sud de la France, il y a des villages ~[1].
le Panier [ləpanje]	*Altstadt von Marseille*	
l'architecture [laʀʃitɛktyʀ] *f.* ▶ l'architecte *m./f.*	die Architektur	L'~ de cette basilique est impressionante!
le/la rappeur/-euse [ləʀapœʀ/laʀapøz]	der/die Rapper/in	MC Solaar est un ~ français célèbre. Tu le connais?
innombrable [inɔ̃bʀabl] *m./f. adj.*	unzählig	Il y a d'~[2] fleurs dans le jardin de ma grand-mère!
le temple [lətɑ̃pl]	der Tempel	Pourquoi est-ce qu'on appelle le stade de Marseille un ~?
réserver qc [ʀesɛʀve]	etw. reservieren	As-tu ~[3] tes billets pour le concert?
la Canebière [lakanbjɛʀ]	*Einkaufsstraße in Marseille* → Civilisation, p. 111	
l'avenue [lavəny] *f.*	die Allee	Quelle est l'~ la plus large de Paris?
animer qn/qc [anime]	jdn/etw. beleben	Il faut ~ cette fête!

la sculpture [laskylptyʀ]	die Skulptur	Le Pouce, c'est une ~ originale.
César [sezaʀ]	*französischer Bildhauer* → Civilisation, p. 113	
le château d'If [ləʃɑtodif]	*Festungsanlage auf einer Insel vor der Küste von Marseille*	
Monte Cristo [mɔ̃tekʀisto]	*Hauptfigur aus dem Roman „Der Graf von Monte Christo" von Alexandre Dumas (1802–1870)* → Civilisation, p. 114	
plonger [plɔ̃ʒe] ▶ la plongée	tauchen, eintauchen	Magalie a peur de ~.
l'île du Planier [lildyplanje]	*Felseninsel vor der Küste von Marseille*	
la plongée sous-marine [laplɔ̃ʒesumaʀin]	das Sporttauchen	Margot fait de la ~ pendant ses vacances.
le phare [ləfaʀ]	der Leuchtturm	Tu vois le ~ là-bas?

guider qn [gide]	jdn leiten, jdn anführen	Je ne connais pas la ville mais ce plan va nous ~.
le marin [ləmaʀɛ̃]	der Matrose	Un groupe de ~[4] se promène dans le port.
la calanque [lakalɑ̃k]	*enge Kalksteinbucht am Mittelmeer*	Les ~[5] de Marseille sont très célèbres.
le paradis [ləpaʀadi]	das Paradies	Cette petite calanque est un vrai ~!
protégé/e [pʀoteʒe]	*hier:* unter Naturschutz	Les calanques sont un paysage ~.

1 pittoresques 2 innombrables 3 réservé 4 marins 5 calanques

DOSSIER 3, SÉQUENCE 1

Zinédine Zidane [zinedin-zidan]	*französischer Fußballspieler* → Civilisation, p. 114	
grandir [gʀɑ̃diʀ]	aufwachsen, wachsen *wird wie* réagir *konjugiert* → Verbes, p. 103	Zidane a ~[1] à Marseille.
la Castellane [lakastɛlan]	*Stadtviertel in Marseille*	
l'Algérie [lalʒeʀi] *f.*	Algerien → Civilisation, p. 112	

manger à sa faim [mɑ̃ʒeasafɛ̃]	sich satt essen	Dans beaucoup de pays, il n'est pas évident de pouvoir ~ tous les jours.
la place de la Tartane [laplasdəlataʀtan]	*Platz in Marseille*	
la Coupe du monde [lakupdymɔ̃d]	die Weltmeisterschaft	En 2006, la ~ a eu lieu en Allemagne.
le papier d'aluminium [ləpapjedalyminjɔm]	die Aluminiumfolie	Tu veux du ~ pour le gâteau?
abstrait/c [abstʀɛ/abstʀɛt] *adj.*	abstrakt	Ce dessin de Paul Klee est très ~!
escalader qc [ɛskalade] ▶ l'escalade urbaine	auf etw. hinaufklettern	Mathias aime ~ les montagnes.
pas mal de [pɑmaldə] *fam.*	*hier:* ziemlich viel, ganz schön viel	Aujourd'hui, on a ~ devoirs!
causer [koze]	sich unterhalten, plaudern	Paul et Antoine n'arrêtent pas de ~.
le symbole [ləsɛ̃bɔl]	das Symbol	Quel est le ~ de ta ville?
les minots [lemino] *m./pl. fam.*	die kleinen Kinder *in Südfrankreich gebräuchlich*	Les ~ du quartier jouent au foot.

l'étape [letap] *f.*	die Etappe	La prochaine ~ est Paris-Marseille.
franchir qc [fʀɑ̃ʃiʀ]	etw. überwinden, etw. durchlaufen *wird wie* réagir *konjugiert* → Verbes, p. 103	Pour réussir, il faut ~ beaucoup d'étapes.
le changement [ləʃɑ̃ʒmɑ̃] ► changer	die Veränderung	Un ~ au collège, ce ne serait pas mal.
en haut [ɑ̃o] *adv.* en haut ≠ en bas	oben	Mon chat est ~ de l'arbre.
 **le capitaine de l'équipe** [ləkapitɛnd(ə)lekip]	der Mannschaftskapitän	Zidane était le ~ de France.
l'épaule [lepol] *f.*	die Schulter	Hier, au match, il avait mal à l'~.
avancer qc [avɑ̃se]	*hier:* etw. ausstrecken, vorstrecken	
le brassard [ləbʀasaʀ]	die Armbinde	Le capitaine de l'équipe a toujours un ~.
le gamin / la gamine [ləgamɛ̃/lagamin] *fam.*	der kleine Junge / das kleine Mädchen	Elle est mignonne, cette ~[2]!
chouette [ʃuɛt] *m./f. adj.* *fam.*	*hier:* toll, großartig	– On va au match? – ~!

l'entraîneur/-euse [lɑ̃tʀɛnœʀ/lɑ̃tʀɛnøz]	der/die Trainer/in	L'~ est très sévère avec l'équipe.
le sandwich [ləsɑ̃dwitʃ]	das Sandwich, das belegte Brot	Mathilde adore les ~[3] au fromage.
la pizza [lapidza]	die Pizza	Allons manger une ~ ce soir!
le soda [ləsoda]	das Sodawasser	Tu veux du ~ ou tu préfères un thé?
remarquer qn/qc [ʀəmaʀke]	jdn/etw. bemerken, auf jdn/etw. aufmerksam werden	Lucie est fâchée. Son copain n'a pas ~[4] sa nouvelle jupe.
alors [alɔʀ] *adv.*	*hier:* damals	Cette histoire s'est passée en 2001. Où est-ce que tu étais ~?
faire venir qn [fɛʀvəniʀ]	jdn kommen lassen	Elle a ~[5] son frère parce qu'elle a besoin d'aide.
Cannes [kan]	*Stadt in Südfrankreich* → Civilisation, p. 111	
^(ê)**se promettre de** + *Inf.* [səpʀɔmɛtʀdə]	sich vornehmen / zum Ziel setzen etw. zu tun *wird wie* mettre *konjugiert* → Verbes, p. 107	Laure ~[6] devenir médecin.

faire tout son possible [fɛʀtusɔ̃pɔsibl]	sein/ihr Möglichstes tun	Elle ~[7] pour réussir son examen.
la carrière [lakaʀjɛʀ]	die Karriere, die Laufbahn	La ~ de Zidane s'est terminée en 2006.
le dribble [lədʀibl]	das Dribbling	Il fait des ~[8] magnifiques.
physique [fizik] *m./f. adj.*	physisch, körperlich	
courir balle au pied [kuʀiʀ-balopje]	den Ball (am Fuß) führen	Zidane ~[9] très bien ~.
le terrain [lətɛʀɛ̃]	das Gelände	Il est grand, ce ~!
remonter le terrain [ʀəmɔ̃telətɛʀɛ̃]	nach vorn spielen *Fußball*	«Et oui! Il ~[10] tout seul! Super!»
la passe [lapɑs]	die Ballabgabe *Fußball*	Quelle belle ~!
le tir [lətiʀ]	der Schuss *Fußball*	Son ~ était magnifique!
sans parler de [sɑ̃paʀledə]	ganz zu schweigen von	
marquer (qc) [maʀke]	(etw.) markieren *hier:* ein Tor schießen	Bravo! On a ~[11]!
(ê)**s'entraîner** [sɑ̃tʀɛne]	trainieren	Pour devenir champion, il faut ~.

(ê)**arriver à** + *Inf.* [aʀivea]	schaffen etw. zu tun	Elle n'est pas ~[12] faire les courses.
les Girondins de Bordeaux [leʒiʀɔ̃dɛ̃dəbɔʀdo]	*Fußballclub aus Bordeaux*	
la sélection [laseleksjɔ̃]	die Auswahl	L'équipe avait une très belle ~.
le but [ləbyt]	das Tor, das Ziel	Quel est ton ~ dans la vie?

marquer un but = ein Tor schießen

le/la footballeur/-euse [ləfutbalœʀ/lafutbaløz]	der/die Fußballer/in	Zidane était le meilleur ~ de France!
le Brésil [ləbʀezil]	Brasilien	
réaliser qc [ʀealize] ▶ réaliste *m./f. adj.*, la réalité	etw. verwirklichen	Il faut toujours essayer de ~ ses rêves!

1 a grandi 2 gamine 3 sandwichs 4 remarqué 5 fait venir 6 se promet de 7 fait tout son possible 8 dribbles 9 court très bien balle au pied 10 remonte le terrain 11 marqué 12 arrivée à

DOSSIER 3, SÉQUENCE 2

l'Arabe, l'arabe [laʀab] *m./f.*	der/die Araber/in, das Arabische *Sprache* → Civilisation, p. 114	
arabe [aʀab] *m./f. adj.*	arabisch	Ma copine Leïla est ~.
louche [luʃ] *m./f. adj. fam.*	verdächtig	Il a l'air ~, ce type!

Verlan *ist eine in der französischen Jugendsprache verbreitete Spielsprache, in der die Reihenfolge der Silben vertauscht wird. Selbst die Bezeichnung* Verlan *ist schon im* Verlan *verfasst, sie kommt nämlich vom französischen* (à) l'envers („umgekehrt"). *Viele Wörter sind in das umgangssprachliche Französisch übernommen worden, wie beispielsweise* Beurs *(von* Arabes*) Die besondere Schwierigkeit für das Verständnis des* Verlan *besteht darin, zu erkennen, welche Silben vertauscht wurden. Hierzu ist es hilfreich zu wissen, dass selbst einsilbige Wörter verdreht werden können, indem man sie überdeutlich spricht, ein* -eu *anhängt und nach dem Vertauschen der Silben wieder auf ein einsilbiges Wort verkürzt (z. B.* mec [Typ] = me-keu → keume → keum*). Hier eine Auflistung einiger häufig gebrauchten* Verlan-*Begriffe:*

louche *adj.* = chelou	la mère = la reum	le bus = le seubu	le taxi = le xita *ou* xit
fou *adj.* = ouf	le père = le reup	le flic *fam.* = le keuf	le café = le féca
bizarre *adj.* = zarbi	le frère = le reuf	le métro = le tromé	Vas-y! = Ziva!
gauche *adj.* = cheug	la sœur = la reuss	la musique = zicmu *ou* sicmu *ou* zik	Laisse tomber! = Laisse béton!
la femme = la meuf	la fête = la teuf		rigoler = goléri

violent/e [vjɔlɑ̃/vjɔlɑ̃t] *adj.* ► la violence	gewalttätig, gewaltsam	Parfois, quelques gens deviennent ~[1].
l'émeute [lemøt] *f.*	der Aufstand	Les ~[2] dans la banlieue parisienne ont été très violentes.
Strasbourg [stʀazbuʀ]	*Stadt im Elsass* → Civilisation, p. 112	
brûler (qc) [bʀyle]	brennen, etw. verbrennen	Pendant les émeutes, des voitures ont ~[3].
la colère [lakolɛʀ]	die Wut	Ne me parle pas. Je suis en ~!

être en colère = wütend sein

la majorité [lamaʒɔʀite]	die Mehrheit	La ~ des élèves n'aime pas faire ses devoirs.
le quartier de l'Estaque [ləkaʀtjedəlɛstak]	*Wohnviertel in Marseille*	
la raison [laʀɛzɔ̃]	der Grund	Connaissez-vous la ~ des émeutes?
[(ê)]**se révolter contre qn/qc** [səʀevɔltekɔ̃tʀ]	sich gegen jdn/etw. auflehnen	Léo ~[4] son père. Il n'aime pas ses idées.

le racisme [leʀasizm]	der Rassismus	C'est nul, le ~!
en avoir marre (de qn/qc) [ɑ̃navwaʀmaʀ] *fam.*	die Nase voll haben (von jdm/etw.), es satt haben	J'~[5] de tes histoires! Va t'en!
le calme [ləkalm] ▶ calme *m./f. adj.*	die Ruhe	Du ~, s'il vous plaît!
relatif/-ive [ʀəlatif/ʀəlativ] *adj.*	relativ	Tout est ~!
éviter qc / éviter de + *Inf.* [evite]	etw. vermeiden / vermeiden etw. zu tun	Parfois, on pourrait ~ des problèmes.
l'entrepreneur/-euse [lɑ̃tʀəpʀənœʀ/lɑ̃tʀəpʀənøz]	der/die Unternehmer/in	Son père est ~. Parfois, il rentre très tard le soir.

So kannst du die weibliche Form von Berufen bilden:

-teur → **-trice**

l'acteur *m.*	– l'ac**trice** *f.*	le moniteur	– la moni**trice**	l'auditeur *m.*	– l'audi**trice**
l'aviateur *m.*	– l'avia**trice** *f.*	l'instituteur *m.*	– l'institu**trice** *f.*	le conducteur	– la conduc**trice**
le directeur	– la direc**trice**	le fondateur	– la fonda**trice**	l'explorateur *m.*	– l'explora**trice**
l'animateur	– l'anima**trice**				

-eur → **-euse**		-er → **-ère**, -ier → **-ière**,	
le vendeur – la vend**euse**		le boulanger – la boulang**ère**	le sommelier – la sommel**ière**
le danseur – la dans**euse**		le charcutier – la charcut**ière**	le policier – la polic**ière**
le chanteur – la chant**euse**		le cuisinier – la cuisin**ière**	
l'entrepreneur – l'entrepren**euse**		l'infirmier – l'infirm**ière**	

l'entreprise [lɑ̃tʀəpʀiz] *f.*	das Unternehmen, die Firma	Il dirige une grande ~.
situé/e [sitɥe] *adj.*	gelegen	Ce village est ~[6] loin de Paris.
la zone [lazon]	die Zone	Cette ~ de Marseille n'est pas très intéressante.
créer qc [kʀee]	etw. (er)schaffen	Pierre veut ~ une nouvelle voiture.
l'emploi [lɑ̃plwa] *m.* ▶ employer qn	die Arbeitsstelle, die Anstellung	Heureusement, il a trouvé un ~!
passer de … à [pɑsedə…a]	sinken von … auf	
le Plan d'Aou [ləplɑ̃dau]	*Wohnviertel in Marseille*	
le stage [ləstaʒ]	das Praktikum	Nicolas a fait un ~ en entreprise cet été.

l'association [lasɔsjasjɔ̃] *f.*	der Verein	Cette ~ aide les gens à trouver du travail.
l'équipement [lekipmɑ̃] *m.*	die Einrichtung	Il a besoin d'un nouvel ~ pour son bureau.
collectif/-ive [kɔlɛktif/kɔlɛktiv] *adj.*	gemeinschaftlich, Gemeinschafts- + *Nomen*	Les trois copains partagent un appartement. Ils ont une cuisine ~[7].
seul/e [sœl] *adj.*	einzige/r/s	Personne n'est venu. Je étais le ~!
culturel/le [kyltyʀɛl] *adj.* ▶ la culture	kulturell	La vie ~[8] dans cette ville est super!
l'animateur/-trice [lanimatœʀ/lanimatʀis]	der/die Animateur/in, der/die Freizeitpädagoge/-in	Georges est ~. Il travaille avec des jeunes dans la banlieue parisienne.
mobiliser qn [mɔbilize]	jdn mobilisieren	Quand il y a des problèmes dans la société, il faut ~ les gens.
le fumier [ləfymje]	*hier:* der Nährboden *auch:* der Mist	Ça ne sent pas très bon, le ~!
le Front National [ləfʀɔ̃nasjɔnal]	*rechtsextreme Partei in Frankreich*	

la cité [lasite]	*Hochhaussiedlung am Stadtrand*	Élodie habite dans une ~ qui est située assez loin du centre ville.
exclure qn [ekskly ʀ]	jdn/etw. ausschließen → Verbes, p. 106	Il faut ~ ce footballeur du match.
la mentalité [lamɑ̃talite]	die Mentalität	Ma voisine a une ~ un peu bizarre.
alors que [alɔʀkə]	*hier:* während	~ Luc regardait le match à la télé, son frère lisait le journal.
la rue Saint-Ferréol [laʀysɛ̃-fɛʀeɔl]	*Einkaufsstraße in Marseille*	
la Pointe Rouge [lapwɛ̃tʀuʒ]	*Stadtviertel im Süden von Marseille, bekannt durch seine Strände*	
le Stade vélodrome [ləstad-velɔdʀom	*(Fußball-) Stadion in Marseille, in welchem OM spielt*	Le match a lieu au ~.

1 violents 2 émeutes 3 brûlé 4 se révolte contre 5 en ai marre 6 situé 7 collective 8 culturelle

DOSSIER 3, SÉQUENCE 3

l'éducateur/-trice [ledykatøʀ/ledykatʀis]	der/die Erzieher/in	Les ~[1] règlent souvent les conflits.
(ê)**se spécialiser (en qc)** [səspesjalize]	sich spezialisieren (auf etw.)	Marion doit ~ pour aller à l'université.
dit/e [di/dit] *adj.*	genannt	Louis XIV, ~ le Roi-Soleil, est mort en 1715.
l'autorité [lotoʀite] *f.*	die Autorität	Sébastien a des problèmes avec l'~ de ses parents.
délinquant/e [delɛ̃kɑ̃/delɛ̃kɑ̃t] *adj.*	straffällig	Un éducateur peut aider un jeune ~ à trouver une solution à ses problèmes.
représenter qn/qc [ʀəpʀezɑ̃te]	jdn/etw. darstellen	Cet écrivain ~[2] l'esprit de son époque.
l'espoir [lɛspwaʀ] *m.* ▶ espérer	die Hoffnung	Il ne faut jamais perdre ~.[3]
la minorité [laminɔʀite] la minorité ≠ la majorité	die Minderheit	Il y a une ~ de filles à cette fête! Dommage!

de la part de [dəlapaʀdə]	vonseiten, seitens	Je donne un cadeau à Jo ~ Léa.
Diam's [diams]	*französische Rapperin* → Civilisation, p. 113	
engagé/e [ɑ̃gaʒe] *adj.*	engagiert	Les rappeurs sont souvent très ~[4].
Amel Bent [amɛlbent]	*französische Sängerin* → Civilisation, p. 113	
directement [diʀɛkt(ə)mɑ̃] *adv.*	direkt	Du travail, tu iras ~ à la gare.
direct/e [diʀɛkt] *adj.*	direkt	C'est un garçon très ~[5]. Il n'a pas peur de dire la vérité.
l'émotion [lemɔsjɔ̃] *f.*	die Rührung, die Ergriffenheit	Quelle ~ pendant ce concert!
conduire qn à qn/qc [kɔ̃dɥiʀ]	jdn zu jdm/etw. hinbringen *in einem Fahrzeug wird wie* con-struire *konjugiert* → Verbes, p. 105	Mathieu ~[6] Lucie au théâtre.
«La nouvelle star» [lanuvɛlstaʀ]	*Castingshow im französischen Fernsehen*	

jusqu'à présent [ʒyskapʀezɑ̃]	bis jetzt	~, il est content de son travail.
précieux/-euse [pʀesjø/pʀesjøz] *adj.*	kostbar, wertvoll	Fais attention! C'est ~!
rendre qn heureux/-se [ʀɑ̃dʀøʀø/høʀøz]	jdn glücklich machen *wird wie* attendre *konjugiert* → Verbes, p. 103	Marc a ~ sa famille ~[7]. Il a réussi son examen.
le mariage [ləmaʀjaʒ]	die Ehe	Paul et Léa, est-ce qu'ils pensent au ~?
Oran [ɔʀɑ̃]	*Küstenstadt im Westen Algeriens* → Civilisation, p. 113	
le vœu / les vœux [ləvø/levø]	das Gelöbnis, der Wunsch	
l'Oranais/e [lɔʀanɛ/lɔʀanɛz]	der/die Einwohner/in von Oran	
le coup de foudre [ləkudfudʀə]	die Liebe auf den ersten Blick	Aurélie et Julien, c'était le ~!
le cousin [ləkuzɛ̃] / **la cousine** [lakuzin]	der Cousin / die Cousine	Dimanche, j'ai rencontré mon ~.

mener qn/qc [məne]	jdn/etw. führen *wird wie* amener *konjugiert* → Verbes, p. 103	Mathéo ~[8] les touristes allemands à la tour Eiffel.
pour le moment [puʀləmɔmɑ̃]	im Moment	~, tout va bien!
les mœurs [lemœʀs] *f. pl.*	die Sitten	Il a des ~ bizarres, ce garçon!

1 éducateurs 2 représente 3 perdre espoir 4 engagés 5 direct 6 conduit 7 a rendu sa famille heureuse 8 mène

DOSSIER 4, Approches

francophone [fʀɑ̃kɔfɔn] *m./f. adj.*	französischsprachig	Est-ce que tu connais un pays ~?
le Maghreb [ləmagʀɛb]	der Maghreb → Civilisation, p. 112	Le ~ est une région de l'Afrique du Nord.
la Tunisie [latynizi]	Tunesien → Civilisation, p. 113	
le Maroc [ləmaʀɔk]	Marokko → Civilisation, p. 113	Le ~ est un pays du Maghreb.
conquérir qn/qc [kɔ̃keʀiʀ]	jdn/etw. erobern → Verbes, p. 104	Comment peut-il arriver à ~ le cœur de cette fille?

signifier qc [siŋifje]	etw. bedeuten, etw. heißen	
le/la Berbère [lebɛʀbɛʀ/labɛʀbɛʀ]	der/die Berber/in → Civilisation, p. 115	
la presqu'île [lapʀɛskil]	die Halbinsel	L'Italie est une ~.
couchant/e [kuʃɑ̃/kuʃɑ̃t]	untergehend	Est-ce que tu aimes regarder le soleil ~?
l'islam [lislam] *m.*	der Islam	L'~ est la religion principale du Maghreb.
la colonie [lakɔlɔni] ► coloniser qc	die Kolonie	Le Maroc est une ancienne ~ française.
le protectorat [ləpʀɔtɛktɔʀa] ► (ê)se protéger	das Schutzgebiet, das Protektorat	En 1912, le Maroc devient ~ français.
l'indépendance [lɛ̃depɑ̃dɑ̃s] *f.*	die Unabhängigkeit	Quand est-ce que le Maroc a eu son ~?
fréquemment [fʀekamɑ̃] *adv.*	häufig	Thomas va ~ à la piscine.
fréquent/e [fʀekɑ̃/fʀekɑ̃t] *adj.*	häufig	«Qui suis-je?» C'est une question très ~[1]!
Tunis [tynis]	*Hauptstadt Tunesiens* → Civilisation, p. 113	

la superficie [lasypɛʀfisi]	die Oberfläche	La France a une ~ plus grande que l'Allemagne.
la population [lapɔpylasjɔ̃]	die Bevölkerung	La ~ allemande est plus nombreuse que la française.
le statut [ləstaty]	*hier:* die Staatsform	
la république [laʀepyblik]	die Republik	La France est une ~.
officiel/le [ɔfisjɛl] *adj.*	offiziell	Cette nouvelle n'est pas encore ~[2].
le berbère [ləbɛʀbɛʀ]	Berberisch *Sprache der Berber*	Sayaline parle ~ avec sa grand-mère.
le/la Tunisien/ne [lətynizjɛ̃/latynizjɛn]	der/die Tunesier/in	Salim vient de Tunis. Il est ~.
chrétien/ne [kʀetjɛ̃/kʀetjɛn] *adj.*	christlich	Les protestants et les catholiques sont ~[3].
juif/-ive [ʒɥif/ʒɥiv] *adj.*	jüdisch	David sait bien chanter des chansons ~[4].
la monnaie [lamɔnɛ]	*hier:* die Währung, *auch:* das Kleingeld	La ~ en Allemagne et en France est l'euro.
tunisien/ne [tynizjɛ̃/tynizjɛn] *adj.*	tunesisch	Est-ce que tu es déjà allé à un restaurant ~?

le domaine internet [lədomɛnɛ̃tɛʀnɛt]	die Internetdomain	Le ~ de la France est «.fr».
Rabat [ʀaba]	*Hauptstadt Marokkos* → Civilisation, p. 113	
la monarchie constitutionnelle [lamɔnaʀʃikɔ̃stitysjɔnɛl]	die konstitutionelle Monarchie	Le Maroc est une ~.
Mohammed VI [mɔamedsis]	*König von Marokko seit 1999*	
l'État [leta] *m.*	der Staat	Chaque ~ a un chef.
le/la Marocain/e [ləmaʀɔkɛ̃/lamaʀɔkɛn]	der/die Marokkaner/in	Aïcha vient de Rabat. Elle est ~[5].
le dirham [lədiʀam]	*marokkanische Währung*	
marocain/e [maʀɔkɛ̃/maʀɔkɛn] *adj.*	marokkanisch	Tahar ben Jeloun est un auteur ~ très connu.
Alger [alʒe]	*Hauptstadt Algeriens* → Civilisation, p. 112	
l'Algérien/ne [lalʒeʀjɛ̃/lalʒeʀjɛn]	der/die Algerier/in	Nasser vient d'Alger. Il est ~.

algérien/ne [alʒɛʀjɛ̃/alʒɛʀjɛn] *adj.*	algerisch	Cheb Khaled est un chanteur ~.

1 fréquente 2 officielle 3 chrétiens 4 juives 5 Marocaine

DOSSIER 4, SÉQUENCE 1

Essaouira [ɛsauiʀa]	*Hafenstadt im Norden Marokkos* → Civilisation, p. 112	
la côte Atlantique [lakot-atlɑ̃tik]	die Atlantikküste	
Mohammed V [mɔamedsɛ̃k]	*König von Marokko (1957 bis 1961)*	
à côté de qn/qc [akotedə] *prép.*	neben jdm/etw.	Thomas est assis ~ Marion en classe.
le/la lecteur/-trice [ləlɛktœʀ/lalɛktʀis]	der/die Leser/in	Mon père est ~ de trois magazines.
le/la couturier/-ière [ləku-tuʀje/lakutuʀjɛʀ]	*hier:* der/die Schneider/in, *auch:* der/die Modeschöpfer/in	Karl Lagerfeld est un ~ célèbre.

natal/e [natal] *adj.*	Heimat- + *Nomen*	Quel est le pays ~ de Zidane?
poli/e [pɔli] *adj.*	höflich	Ce garçon est très ~ avec les filles.
hospitalier/-ière [ɔspitalje/ ɔspitaljɛʀ] *adj.*	gastfreundlich	À ton avis, dans quel pays est-ce que les gens sont très ~[1]?
le monument [ləmɔnymɑ̃]	das (berühmte) Bauwerk	Cette basilique est un ~ impressionant.
historique [istɔʀik] *m./f. adj.*	historisch	Paris est une ville ~.
la dune [ladyn]	die Düne	Nadia adore se promener dans les ~[2].
doré/e [dɔʀe] *adj.*	golden	Le soir, le sable à la plage est ~.
la planche à voile [laplɑ̃ʃ-avwal]	das Windsurfen	Quentin fait de la ~ tous les étés.
le jumeau [ləʒymo] / **la jumelle** [laʒymɛl]	der Zwillingsbruder / die Zwillingsschwester *hier:* die Partnerstadt	Lucie est la ~[3] de Fabien.
La Rochelle [laʀɔʃɛl]	*Stadt im Südwesten Frankreichs* → Civilisation, p. 112	
terminer qc [tɛʀmine]	etw. beenden	Louis doit ~ ses devoirs avant d'aller au cinéma.

les études [lezetyd] *f. pl.*	das Studim	
ne … ni … ni [nə…ni…ni] *conj.*	weder … noch	Mathias ~ mange ~ crustacés ~ poisson.
la démocratie [lademɔkrasi]	die Demokratie	Les philosophes du siècle des lumières ont défendu la ~.
le/la fonctionnaire [ləfɔ̃ksjɔnɛʀ/lafɔ̃ksjɔnɛʀ]	der Beamte, die Beamtin	Les policiers sont des ~[4].
étudier [etydje]	*hier:* lernen	Pour réussir dans la vie, il faut beaucoup ~.
sauf [sof] *prép.*	außer	Tout le monde est venu, ~ toi!
(ê)**s'entraîner** [sɑ̃tʀɛne]	trainieren	Pour devenir champion, il faut ~ tous les jours.
la douche [laduʃ]	die Dusche	Ça fait du bien, une ~!

prendre une douche = duschen

la sieste [lasjɛst]	der Mittagsschlaf	Martin veut faire une ~ après le déjeuner.

la médina [lamedina]	die Altstadt *in arabischen Städten*	
„Medina" ist arabisch und bedeutet ursprünglich „Stadt". Heute wird der Begriff aber vor allem für die Altstadtbereiche nordafrikanischer Städte verwendet. Die Medina von Tunis ist also die Altstadt von Tunis.		
réviser les cours [ʀevizelekuʀ]	den behandelten Unterrichtsstoff wiederholen	
dîner [dine] ► le dîner	zu Abend essen	On va ~ à 19 heures?
le conte amoureux [ləkɔ̃tamuʀø]	die Liebesgeschichte	Marie est romantique. Elle aime les ~[5].
religieux/-euse [ʀəliʒjø/ʀəliʒjøz] *adj.* ► la religion	religiös	Mon grand-père est très ~. Il va souvent à l'église.

l'infirmier/-ière [lɛ̃fiʀmje/lɛ̃fiʀmjɛʀ]	der Krankenpfleger/die Krankenpflegerin	
la femme au foyer [lafamofwaje]	die Hausfrau	La mère de Jeanne ne travaille pas. Elle est ~.
la confiance [lakɔ̃fjɑ̃s]	das Vertrauen	La ~, ça ne se gagne pas facilement.
adulte [adylt] *m./f. adj.*	erwachsen	Elle n'a que 13 ans, mais elle a l'air très ~.
donner sans compter [dɔnesɑ̃kɔ̃te]	sehr großzügig sein	Il y a peu de gens qui ~[6].
obéir (à qn) [ɔbeiʀ]	(jdm) gehorchen *wird wie* réagir *konjugiert* → Verbes, p. 103	Faut-il toujours ~?
apprendre qc à qn [apʀɑ̃dʀ]	jdm etw. beibringen	Madame Leroux ~[7] le piano à Hannah.
exercer qc [ɛgzɛrse]	etw. gebrauchen, etw. ausüben	Il a ~[8] le métier de professeur pendant trente ans.
la liberté [libɛrte] ▶ libre *m./f. adj.*	die Freiheit	Qu'est-ce que c'est, la ~?
de manière + *adj.* [dəmanjɛʀ]	auf eine bestimmte Art und Weise	

responsable (de qn/qc) [ʀɛspɔ̃sabl(ə)] *m./f. adj.*	verantwortlich für jdn/etw.	Anne est ~ de sa petite sœur.
sincère [sɛ̃sɛʀ] *adj.*	aufrichtig	Il faut être ~ avec ses amis.
le développement [lədevəlɔpmɑ̃]	die Entwicklung	Le ~ de ce pays est impressionnant!
la personnalité [lapɛʀsɔnalite]	die Persönlichkeit	Michel n'aime pas la ~ de cet acteur.
la qualité [lakalite]	die Eigenschaft	Quelles ~s aimes-tu chez les autres?
la tolérance [latɔleʀɑ̃s]	die Toleranz	Les enfants apprennent la ~ à l'école.
la capacité [lakapasite]	die Fähigkeit	
amical/e [amikal] *adj.*	freundschaftlich	Pierre est très ~ avec ses voisins.
le chauffeur [ləʃofœʀ]	der Chauffeur	Attention! Le ~ du bus s'est endormi!
modeste [mɔdɛst] *m./f. adj.*	bescheiden	Elle est si intelligente, mais ne le montre pas. Elle est ~!
le moyen [ləmwajɛ̃]	das Mittel	Le seul ~ de réussir est de travailler dur.
honnête [ɔnɛt] *m./f. adj.*	aufrichtig	Il faut rester ~ dans la vie.
la drogue [ladʀɔg]	die Droge	Le chocolat est une vraie ~!

l'arnaque [laʀnak] *f. fam.*	die Betrügerei	
offrir qc [ɔfʀiʀ]	*hier:* etw. bieten, anbieten *wird wie* ouvrir *konjugiert* → Verbes, p. 107	Quand j'étais chez Nathalie, sa mère m'a ~[10] un chocolat chaud.
chargé/e de [ʃaʀʒe] *adj.*	voll, beladen mit etw.	Le sac est ~ de tomates.
Charles Baudelaire [ʃaʀlbodəlɛʀ]	*französischer Lyriker des 19. Jh.*	
Honoré de Balzac [ɔnɔʀedəbalzak]	*französischer Schriftsteller des 19. Jh.*	
le championnat [ləʃɑ̃pjɔna]	der Wettkampf, die Meisterschaft	Il veut gagner le ~.
Agadir [agadiʀ]	*Stadt im Norden Marokkos* → Civilisation, p. 112	
encourager qn [ɑ̃kuʀaʒe]	jdm Mut machen *wird wie* bouger *konjugiert* → Verbes, p. 103	Paul a peur de l'examen. Il faut l'~!

1 hospitaliers 2 dunes 3 jumelle 4 fonctionnaires 5 contes amoureux 6 donnent sans compter 7 apprend 8 exercé 9 qualités 10 offert

DOSSIER 4, SÉQUENCE 2

il y a de cela très longtemps [iljadəsəlatʀɛlɔ̃tɑ̃]	vor langer, langer Zeit	~, un roi vivait dans son château.
l'Atlas [latlas]	das Atlasgebirge → Civilisation, p. 112	
vif [vif] / **vive** [viv] *adj.*	lebhaft	Redwane est un garçon très ~.
souriant/e [suʀjɑ̃/suʀjɑ̃t]	lächelnd	Cette fille a des yeux ~[1].
le secret [ləsəkʀɛ]	das Geheimnis	Chut! C'est un ~.

en secret [ɑ̃səkʀɛ] = im Geheimen

la tribu [latʀiby]	der Stamm	
voisin [vwazɛ̃] / **voisine** [vwazin] *adj.*	Nachbar- + *Nomen*, benachbart	Dans le village ~, il y a de jolies petites maisons.
de son côté [dəsɔ̃kote] *loc. adv.*	seinerseits, ihrerseits	
le sourire [ləsuʀiʀ] ▶ souriant/e	das Lächeln	Émilie a un joli ~.

rival/e [ʀival] *adj.*	gegnerisch, rivalisierend	On a perdu le match: l'équipe ~[2] était très forte.
désespéré/e [dezɛspeʀe] *adj.*	verzweifelt	Il est ~. Il n'arrive pas à parler avec Julie.
le sommet [ləsɔmɛ]	der Gipfel	Quel est le plus haut ~ d'Europe?
refuser de + *Inf.* [ʀəfyzedə]	sich weigern, etw. zu tun	Tu vas vraiment ~ lui parler?
supplier qn de + *Inf.* [syplijedə]	jdn anflehen, etw. zu tun	Marie ~[3] son père de lui acheter ce CD.
convaincre qn [kɔ̃vɛ̃kʀə]	jdn überzeugen → Verbes, p. 105	Non, tu ne peux pas me ~. Je ne vais pas manger les huîtres!
debout [dəbu] *adv.*	stehend	Les choristes sont restés ~ pendant trois heures!
appeler qn [apəle]	*hier:* jdn rufen	Mais tu n'écoutes pas? Ta mère t'~[4]!
mourir de faim [muʀiʀdəfɛ̃]	verhungern	
la fatigue [lafatig] ► fatigué/e *adj.*	die Erschöpfung	La ~ était trop forte. Il s'est endormi.

le chagrin [ləʃagʀɛ̃]	der Kummer	Elise a eu beaucoup de ~ quand son copain est parti.
le miracle [ləmiʀaklə]	das Wunder	C'est un vrai ~!
la larme [lalaʀm]	die Träne	Elle a des ~[5] aux yeux.
(ê)**se former** [səfɔʀme]	sich bilden	Dans notre collège, il s'est ~[6] un groupe contre le racisme.
rappeler qn à qc [ʀapəle]	jdn an etw. erinnern	Cette histoire lui ~[7] son enfance.
l'homme [lɔm] ▶ humain/e *adj.*	*hier:* der Mensch	Combien d'~[8] habitent sur la terre?
la cruauté [lakʀyote] ▶ cruel/le *adj.*	die Grausamkeit	L'histoire est pleine de ~[9].
(ê)**se marier** [səmaʀje] ▶ le mariage	heiraten	Paul et Élise vont ~.
le peuple [ləpœplə]	das Volk	Le ~ se révolte contre le roi.
les fiançailles [lefjɑ̃saj] *f. pl.*	die Verlobung	Les ~, ça se fête en Allemagne?
le couple [ləkuplə]	das Paar	C'est un très beau ~!

Imilchil [imilʃil]	*marokkanisches Dorf im Atlasgebirge*	
l'altitude [laltityd] *f.*	die Höhe	Laurent a peur de l'~.
la foire [lafwaʀ]	der Jahrmarkt	Il y a la ~ du village aujourd'hui. Allons-y!

1 souriants 2 rivale 3 supplie 4 appelle 5 larmes 6 formé 7 rappelle à 8 hommes 9 cruautés

DOSSIER 4, SÉQUENCE 3

Marrakech [maʀakɛʃ]	Marrakesch, *Stadt in Marokko* → Civilisation, p. 113	
aussitôt [osito] *adv.*	sofort	~ dit, ~ fait!
la sécheresse [lasɛʃʀɛs]	die Trockenheit, die Dürre	La ~ est un gros problème dans beaucoup de pays.
le désert [lədezɛʀ]	die Wüste	Dans le ~, on ne trouve pas d'eau.

le Sahara [ləsaaʀa]	die Sahara	

Die Sahara ist die größte Trockenwüste der Erde. Sie ist 26-mal so groß wie Deutschland und erstreckt sich entlang des nördlichen Wendekreises über den gesamten nordafrikanischen Kontinent. Insgesamt liegen elf Länder im Saharagebiet, darunter auch die drei Maghreb-Staaten Marokko, Algerien und Tunesien. Viele Bereiche der Wüste sind unbevölkert, da das extrem heiße Klima kaum Leben ermöglicht.

frapper qn [fʀape]	*hier:* jdm auffallen, jdn in Erstaunen versetzen	Son récit nous a tous ~[1].
l'espace vert [lɛspasvɛʀ] *m.*	die Grünanlage	Des ~[2] sont très importants dans une ville!
sec/sèche [sɛk/sɛʃ] *adj.*	trocken	Gérard a un humour très ~.
l'aéroport [laeʀopɔʀ] *m.*	der Flughafen	
border qc [bɔʀde]	etw. säumen	Des arbres ~[3] le chemin.

être bordé/e de qc = von etw. gesäumt sein

le laurier-rose [ləlɔʀjeʀoz]	der Oleander	Nous avons un beau ~ devant la porte d'entrée.
le rosier [ləʀozje]	der Rosenstock	
le palmier [ləpalmje]	die Palme	Y-a-t-il un ~ dans ton jardin?
les jardins de Ménara [leʒaʀdɛ̃dəmenaʀa]	*Parkanlage in Marrakesch*	
dater de [datedə]	datieren von	Ce livre ~[4] 1789.
immense [imɑ̃s] *m./f. adj.*	riesig	
le verger [ləvɛʀʒe]	der Obstgarten	Il y a plein d'arbres dans ce ~.
l'olivier [lɔlivje] *m.*	der Olivenbaum	Dans le sud de la France, il y a beaucoup d'~[5].
l'oranger [lɔʀɑ̃ʒe] *m.* ► l'orange	der Orangenbaum	Elle voudrait bien avoir un ~ dans son verger.
l'arbre fruitier [laʀbʀəfʀɥitje] *m.*	der Obstbaum	L'oranger, c'est un ~.
le bassin [ləbasɛ̃]	das Becken	Ce ~ est vide. Il faut y mettre de l'eau.
le soldat [ləsɔlda]	der/die Soldat/in	

la sorte [lasɔʀt]	die Sorte	Il y avait toutes ~[6] de fruits comme dessert.
Yves Saint-Laurent [ivsɛ̃loʀɑ]	*französischer Modeschöpfer*	
le lieu [ləljø]	der Ort	Ce jardin est un ~ magnifique.
abriter qn/qc [abʀite]	jdn/etw. beherbergen	Cette maison ~ un musée.
le Musée d'art islamique [ləmyzedaʀislamik]	*das Museum für islamische Kunst*	
la place Djemaa el-Fna [laplasdʒemaaɛlfna]	*großer, belebter Platz im Zentrum von Marrakesch*	
les jardins de Koutoubia [leʒaʀdɛ̃dəkutubja]	*Parkanlage in Marrakesch*	
la mosquée [lamɔske]	die Moschee	Mohammed va fréquemment à la ~.
le minaret [ləminaʀɛ]	das Minarett *Turm einer Moschee*	On peut voir le ~ de loin.
(ê)**se repérer** [səʀəpeʀe]	sich orientieren *wird wie* espérer *konjugiert* → Verbes, p. 103	C'est difficile de ~ dans le désert.
le boulevard [ləbulvaʀ]	der Boulevard *breite Straße*	Sur ce ~ on trouve plein de magasins.

suffire [sufiʀ]	reichen, genügen → Verbes, p. 109	Arrête! Ça ~[7]!

Ça suffit! = Jetzt reichts aber!, Das reicht!

le tiers [lətjɛʀ]	das Drittel	Le ~ de la classe n'a pas fait ses devoirs.
le domaine [lədɔmɛn]	der Bereich	Marise travaille dans le ~ de la musique.
le conteur [ləkɔ̃tœʀ]	der Geschichtenerzähler	Le ~ a raconté une belle histoire.
le charmeur de serpents [ləʃaʀmœʀdəsɛʀpɑ̃]	der Schlangenbeschwörer	Tu as déjà vu un ~?
le/la musicien/ne [ləmyzisjɛ̃/lamyzisjɛn] ▶ la musique	der/die Musiker/in	Luc a fait des études de piano. Il est ~.
l'acrobate [lakʀɔbat] *m./f.* ▶ l'acrobatie *f.*	der/die Akrobat/in	Leïla est très bonne en gymnastique. Elle veut devenir ~.
prédire qc [pʀediʀ]	etw. voraussagen *wird wie* dire *konjugiert* → Verbes, p. 105	Cette femme dit qu'elle sait ~ l'avenir. Tu y crois?
griller qc [gʀije]	etw. grillen	Hier, nous avons ~[8] de la viande dans le parc.

le fruit [ləfʀɥi]	die Frucht	La pêche, c'est mon ~ préféré.
le souk [ləsuk]	Einkaufsviertel bzw. Markt *in einer arabischen Stadt*	

„Souk" ist arabisch und bedeutet ursprünglich „Markt". Heute wird das Wort jedoch ganz allgemein für die Bezeichnung von Geschäftsvierteln in arabischen Städten gebraucht. Die einstöckigen, unbewohnten Häuserkomplexe – häufig wahre Labyrinthe – beherbergen ausschließlich Geschäftsräume. Auf den Souks kann man landestypische Lebensmittel, Teppiche, Kleidung, Lederwaren oder Kunsthandwerksprodukte erwerben. Langes Verhandeln über den Preis ist dabei Bestandteil des Verkaufsgesprächs.

le tapis / les tapis [lətapi/letapi]	der Teppich	Les ~ du Maroc sont célèbres.
le tissu [lətisy]	der Stoff	Je voudrais avoir une veste de ce beau ~.
le bijou / les bijoux [ləbiʒu/lebiʒu]	das Schmuckstück	Sa grand-mère lui a offert ce ~ ancien.
marchander qc [maʀʃɑ̃de] ► le/la marchand/e	etw. aushandeln	Marc sait ~ de bons prix.

traditionnel/le [tʀadisjɔnɛl] *adj.*	traditionell	C'est un tapis ~ du Maroc.
le Palais de la Bahia [ləpalɛdelabaia]	*Palast in Marrakesch*	
le Palais El Badi [ləpalɛelbadi]	*Palast in Marrakesch*	
le sultan [ləsyltɑ̃]	der Sultan	Ce ~ était très riche.
actuellement [aktɥɛlmɑ̃] *adv.*	gegenwärtig, zurzeit	
la ruine [laʀɥin]	die Ruine	Les ~[9], c'est romantique.
la cigogne [lasigɔɲ]	der Storch	En hiver, les ~[10] quittent L'Europe pour l'Afrique.
le nid [ləni]	das Nest	Tu as vu le ~ de cigogne dans notre village?
les remparts [leʀɑpaʀ] *m. pl.*	die Stadtmauer	Les ~ de Marrakech sont larges!

1 frappés 2 espaces verts 3 bordent 4 date de 5 oliviers 6 sortes 7 suffit 8 grillé 9 ruines 10 cigognes

Présenter un sujet

Introduction

Aujourd'hui, je vais vous parler de ___ .
Aujourd'hui, je vais vous présenter un auteur / un livre / un sujet que j'aime. / qui m'intéresse.

J'ai choisi ___ parce que ___ .

Je vais vous faire écouter une chanson / une interview.
Je vais vous lire ___ .

Présentation

(Tout) d'abord, ___ . / Pour commencer ___ / Commençons par ___ .
Premièrement, ___ . / Deuxièmement, ___ . / Troisièmement, ___ .

De plus, ___ .

Il faut dire / ajouter / avouer que ___ .

Conclusion

Pour terminer/finir/conclure[1] ___ .
Finalement, ___ .
En résumé, ___ .
En un mot, ___ .

Est-ce que vous avez des questions?

1 **pour conclure** zum Abschluss

Présenter la biographie de quelqu'un

Il/Elle ___ est né/e en ___ / à ___ .
Il/Elle passe son enfance à/en ___ .
Il/Elle fait des études de ___ / un apprentissage de ___ .

Très tôt, il/elle s'intéresse à ___ .
Il/Elle commence à jouer au foot en ___ /___ .
Il/Elle gagne ___ en ___ .
Il/Elle est influencé/e[1] par ___ .
Ses idoles sont ___ .
Il/Elle écrit ___ / joue son premier rôle ___ / enregistre[2] son premier CD ___ .
Son premier livre/disque s'appelle « ___ ».
Son premier succès, c'est ___ .
En ___ , il/elle reçoit le prix ___ .
Il/Elle devient célèbre grâce à ___ .
Il/Elle arrête sa carrière en ___ / après ___ .
Il/Elle meurt en ___ .

Präsens verwenden!

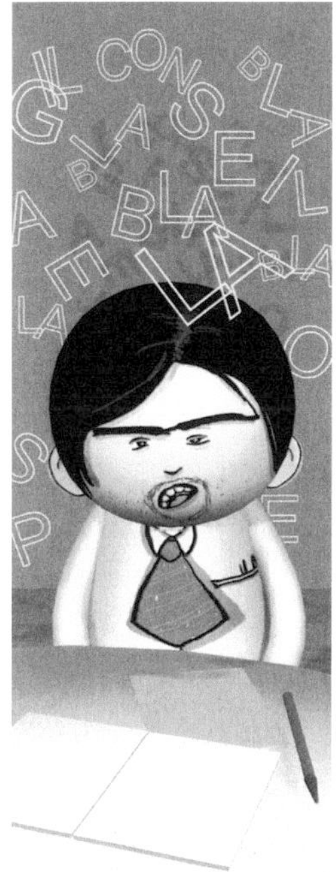

1 **influencé/e** *adj.* beeinflusst 2 **enregistrer qc** etw. aufnehmen

Discuter

Je pense Je trouve Je sais Je crois Je suis sûr/e	que ___ .

À mon avis, ___ .
Pour ma part, ___ .

Je ne sais pas.
Je ne crois pas que + *subj*.
Je ne suis pas sûr/e que + *subj*.
Je n'en suis pas sûr/e.
J'en doute.

L'avantage, / L'inconvénient, c'est ___ .
Le point le plus important[1], c'est ___ .
Le plus intéressant, c'est ___ .

Il paraît Il semble	être ___ .

Peut-être qu'il ___ .
Il est peut-être ___ .

Je n'ai pas compris ce que tu veux dire.
Est-ce que tu veux dire que ___ ?

Qu'est-ce que tu	en penses? penses de ___ ?

Comment est-ce que tu trouves ___ ?
Ce n'est pas ce que je voulais dire.
Je ne sais pas comment vous expliquer.

Laisse-le/-la parler!
Laisse-moi finir ma phrase.
Tu es d'accord avec ce qu'elle/il a dit?
Je suis d'accord.
C'est (tout à fait) ça.
Je suis du même avis que toi/lui/ ___ .
Je suis de votre/ton avis.
C'est exactement ce que je pense.
C'est exactement ce que je vous dis.
Tu as raison.
C'est exact/juste.
On peut voir ça comme ça.
Ça dépend des choses.

Tu as tort.
Je ne suis pas d'accord.
Je ne suis pas de cet avis.
Ce n'est pas ça.
Ce n'est pas vrai.
C'est faux.

C'est exactement le contraire.
Si! / Si justement!
Ce n'est pas une raison!
Ce n'est pas un argument!
On ne peut pas comparer.
Il ne faut pas généraliser.
Il ne s'agit pas de ça.
Il ne suffit pas de ___ .
Il faut aussi ___ .

Vous compliquez les choses.
On s'écarte du sujet[2].
On parle de tout autre chose.
Ça ne sert à rien de discuter!

1 **le point le plus important** der wichtigste Punkt
2 **s'écarter du sujet** vom Thema abweichen

Auslöser des Subjonctif

Il faut / il faudrait
Il est possible/impossible/normal
Il est bon/utile/inutile
Je trouve drôle/merveilleux
Je trouve bizarre/triste
Je voudrais
Je voudrais empêcher
J'aimerais
Je déteste
Je crains / J'ai peur
Je regrette
Je suis fier/heureux/content
Je suis triste/fâché
Quel dommage / C'est dommage
Cela m'amuse

que + subjonctif

⚠ espérer que + indicatif

Il ne craint que le ciel lui tombe sur la tête.